腦內的猩猩！

一本正經的情緒進化論

幫你重塑思維方式，實現情緒自由！

曼徹斯特大學實驗心理學博士，

帶你一窺大腦總部控制臺，奪回情緒主控權！

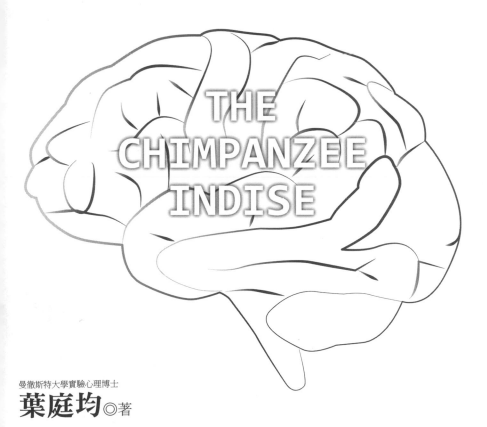

THE
CHIMPANZEE
INDISE

曼徹斯特大學實驗心理博士
葉庭均◎著

人類大腦主要結構圖

額葉（Frontal Lobe）
四大腦區之一，在本書中提到的主角就是它。
它是掌控我們認知技能的關鍵區域，如情緒表
達、解決問題、記憶、語言、判斷等。從本質
上講，它是我們個性和溝通能力的「控制臺」。

前運動皮質（Premotor Cortex）
我們的運動中樞之一，掌管我們的
肢體運動、平衡，向各部分肌肉傳
達指令……等等。

頂葉（Parietal Lobe）
四大腦區之一，大致位於顱骨的上後方。
它負責處理從外界接收到的感覺資訊，主
要與觸覺、味覺、溫度、空間感有關。

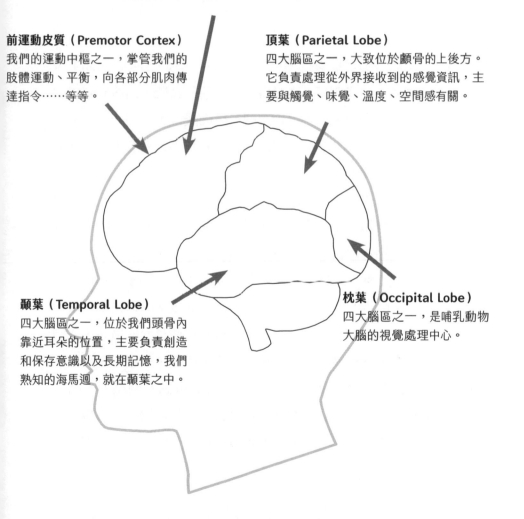

顳葉（Temporal Lobe）
四大腦區之一，位於我們頭骨內
靠近耳朵的位置，主要負責創造
和保存意識以及長期記憶，我們
熟知的海馬迴，就在顳葉之中。

枕葉（Occipital Lobe）
四大腦區之一，是哺乳動物
大腦的視覺處理中心。

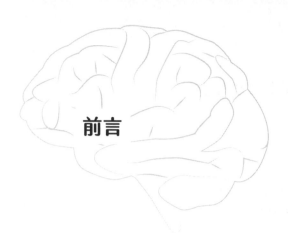

前言

　　蘇格蘭哲學家暨經濟學家大衛・休謨（David Hum）曾經寫道：「我們只不過是各種知覺的集合體，這些知覺以讓人無法想像的速度不停地運轉，從而成就了所謂的人。」

　　讓我們從一個小實驗開始，看看是不是所有人都能理解情緒的奧祕。

　　接下來準備閉上眼睛，不跟任何人說話，此刻，你能感受到什麼情緒？用十秒鐘來思考這個問題，你就會明白，要切實地描述出自己所經歷的情緒是多麼困難。

　　你喜歡自己的情緒嗎？你會期待那些充滿憂鬱和焦慮的日子來臨嗎？你會享受憤怒、嫉妒或者羞愧的情緒嗎？很顯然的，在這個世界上，沒有人會喜歡這些負面的情緒，我們會喜歡那些積極的情緒，像是快樂、寧靜、幸福……等。

　　比如在剛才的小實驗中，你可能會感受到壓力，因為還有工作、學業仍待完成；也可能感受到快樂，因為得到了他人的誇獎，或是將要與友人出去遊玩……。然而在大多數

的情況下，我們的各種情緒都會緊緊靠在一起，比如壓力、焦慮、擔憂等情緒，就經常像戰友一樣同進同退，快樂、興奮、激動等也是如此。

很多情緒又會稍縱即逝，比如旅遊在外，看到故鄉美食時所引發的鄉愁；或是在路上行走，無意間與他人對視時，所產生的疑惑或是好奇。此外，還有無數無法準確用語言表達、只屬於自己的獨特情緒，它們不會長期逗留，只會像風一樣瞬間吹過心底。

心理學家們將繁雜的情緒歸納為快樂、悲傷、生氣、驚訝、反感與恐懼這六大類，就像是色彩中的三原色一樣，這六種情緒構成了我們紛繁複雜的情緒生活。

積極的情緒促使我們前進，而消極的情緒，其實也是保護我們免受傷害的屏障。正因為消極情緒（如恐懼）的存在，我們的祖先才能在遭遇到危險的時候，感受到心跳加快、呼吸急促，進而隨時準備逃命。

情緒也是有差異性的，不同文化背景下的情緒疾病也各不相同，光是記載於權威精神診斷指南中的「另類」情緒疾病，數量就不少，如韓國人有「火病」、中國人有「神經衰弱」、馬來西亞有「縮陽問題」、印度有「腎虧問題」……，可見，情緒雖然舉世共通，又會因為文化和地域產生特異性。

隨著神經科學的發展，情緒漸漸與我們的思維、觀念以及認知聯想在一起。文化會改變，情緒也會改變，類似「喪」之類的新型情緒詞彙，出現的頻率只會越來越高。

當然，並不是所有的情緒都被人類完全認識或者感受，許多焦慮的情緒，仍然無法解釋，比如那些存在感極強卻毫無源頭的焦慮感，在它們的控制下，我們可能會感到自己必須時刻保持忙碌與警戒，因而耗費大量時間，來幫自己打上一劑「鎮定劑」，以確保所擔憂的事情不會發生。

類似的情緒還可能會帶來生理上的疼痛感，比如當我們的信任被他人濫用，或是自尊心受到侮辱時，我們可能會產生生理上的疼痛，從而強迫自己逃離這種負面事件，而不是去面對現實。這時，我們甚至會用「阿 Q 精神」來進行自我安慰和自我麻木。

然而，我們的身心卻會因為這種逃避而付出沉重的代價。由於一些如鯁在喉卻無力解決的事，我們會開始對所有事物感到憂鬱和焦慮，因為我們無法發洩出來，失眠便成了這些未決之事最直接的報復。

人類在本能上，傾向於避免處理那些帶來負面痛苦的情緒，因為這種情緒與我們自我感覺的形象背道而馳，甚至會威脅到腦海中的社會價值觀。例如：憤怒會使我們想要報復，但卻與社會要求的「善」相悖，是不被大眾所接受的，

於是忍氣吞聲、大事化小，反而成了最優解。漸漸地，我們開始難以準確認識自己的情緒，察覺不到自己只是偶爾的倦怠，還是徹底失去了動力。

想要不被社會重壓帶來的負面情緒困擾，則需要花時間去瞭解情緒究竟是什麼。因為情緒不是一成不變的，隨著時間的推移，我們的思維方式已經發生了翻天覆地的改變。

比如在古代，人們常會因異地相隔加上聯絡困難，很可能會因過度思念而積鬱成疾。然而在現代社會即使是遠隔重洋，但由於科技帶來的便利，我們產生的思念情緒往往要比古人少得多，因為我們的思維方式已經被現代社會的科技及價值觀所改變。只有深入瞭解情緒的成因，我們才會懂得應該如何應對各種想法，應該做出什麼行為，應該如何生活。

如空氣一樣不可或缺、無處不在，卻又難以意識到的情緒，既是我們人生中最熟悉、最親密的朋友，又是我們腦海中最陌生的謎團。

學會並理解情緒的生成，會提醒我們，自己的想法與最終的生理感受之間的連結是多麼強大，也會幫助我們瞭解人類行為、社會文化的力量，這些力量反過來又會塑造我們的情緒。當我們想要正確感受自己的情緒時，則更需要瞭解情緒來源於何處，此時此刻，它是否就在影響著我們的認知和行為。

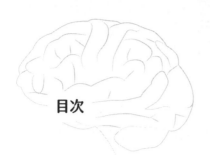

目次

PART **1**

人類是各種知覺的結合體

◆ 自我隔離的情緒屏障

◆ 大腦特工隊的宮鬥劇

◆ 情緒與疼痛的連結

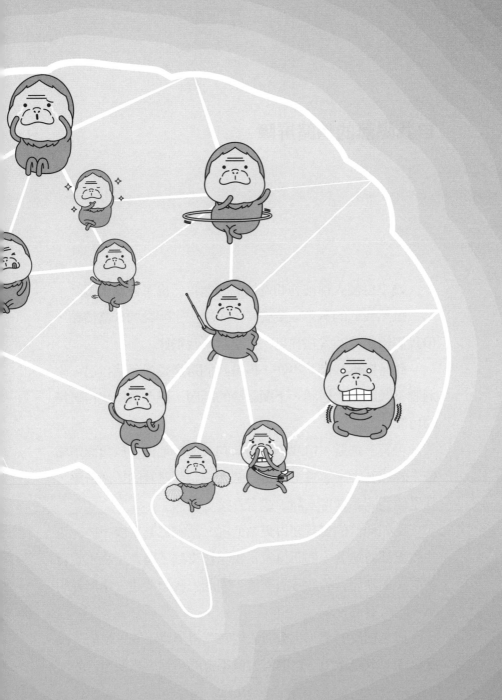

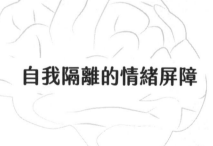

自我隔離的情緒屏障

幾乎每個人都被詢問過這個問題：「出了什麼事嗎？」

雖然我們的氣色以及聲音，表現出了明顯的低落情緒，但我們給出的回答往往是：「沒事，我很好。」

此時顯然我們並不好，但是我們選擇透過隱藏自己，來迴避不願開始的對話、不願談論的話題，避免情緒變得更糟的可能性。

否認、逃避、自我隔絕的傾向，深深地植根於負面情緒帶來的痛苦中。事實上，當一個人感到憂鬱時的一個跡象，就是他們開始變得安靜，或者直接「關機」。

比如他們的聲音變得更為低沉、語調更為平淡……，這些改變都傳遞著一個訊息：「我已經受到了傷害，我不想冒著再次加深痛苦的危險去交流，因此，我想要建一堵無聲的牆，隔離自己。」

與之相反的是，也會有人霎時變得焦躁不安、易怒、高度活躍，或是做出一些與其習慣不符的事情，來使自己的注

意力從那些負面的情緒中轉移。

　　比如，有的人沒來由地失去了食欲，而又有人會突然變成饕餮，化悲憤為食欲，透過無止境的進食，來「填充」自己的情緒氣球，麻痺自己的痛苦。

　　而這些粗暴解決情緒問題的方式，並不局限於吃，有人菸酒成癮，有人沉迷遊戲，有人放縱自我，每一個人都有自己處理情緒問題的防禦機制，來保護自己免受傷害。

隱形的敵人——負面情緒

　　我們無時無刻不在被周圍的資訊所影響，並對這些資訊產生思考與情緒，然後帶著這些情緒，迎接新的資訊。我們會從過往的經驗中記取教訓，聽起來似乎是件好事，但其實這是一把雙刃劍。

　　過去的愉悅以及不適，都隨著這些經驗被我們帶到了現在，就像是一個日復一日變得越來越沉重的情緒包裹，有的變成了搜索如何處理眼前麻煩的「情緒資料庫」，有的則形成了「一朝被蛇咬，十年怕草繩」的「情感負擔」，我們常看到的原生家庭帶來的影響，便是如此。

這些「負擔」狠狠地勒著我們，成了我們堅持健康生活（如堅持運動、戒菸、良好飲食等）的屏障；同時，也干擾著我們人生的規畫，影響著我們的親密關係和對生活的期望。

負面情緒還會欺騙、誤導我們，它就像一個被惡魔控制的隱形手套。

它讓我們相信它的存在是合理的。比如我們被欺負是由於自己的軟弱無能，我們生氣是因為自己的情緒管理能力差。它讓我們相信外界的因素，或者他人才是導致負面情緒的關鍵，它從來不會告訴我們，「自身才是問題的所在」。

這些負面情緒就像是空氣中的一氧化碳，無時無刻不在包圍著我們，當其累積到一定程度，就會使我們的大腦「中毒」。

負面情緒（如憂鬱、焦慮、壓力等）的長期積累，會引起我們大腦結構的變化，如海馬迴的萎縮，而海馬迴是我們進行記憶以及認知行為的重要區域，這也是很多憂鬱症患者會感覺到自己的記憶力下降，反應變得遲鈍的原因。

既然負面情緒如此普遍，為什麼我們卻寧願承受慢性毒藥帶來的折磨，仍想要隱藏負面的情緒呢？

不願揭開的「內傷」

　　我們竭盡全力去隱藏、偽裝負面情緒的原因有很多，這些緣由有一個共同點，那就是「恐懼」。最主要的原因，很可能是我們不想把自己脆弱的情緒狀態暴露給他人知道，因為這會使我們顯得弱小無能。

　　在不同文化中，對於負面情緒的觀點都頗為一致，只有弱者才會「自怨自艾」，一絲不掛地揭開自己的情緒傷疤，不僅對自己無益，而且也容易讓他人以此為弱點，來利用或攻擊我們。

　　在向他人「展示」自己情緒狀態的同時，我們彷彿已經放棄了自己的主動權，任由他人處置。反之，隱忍自己的情緒，往往被視為堅忍不拔的優秀素質，是力量的象徵。

　　與此同時，我們也擔憂自己的負面情緒會對他人造成困擾或者引起不快，我們不想因為自己的「瑣事」，使他人感到厭煩；也不願讓他人認為我們的情緒出現了崩潰，從而將我們的行為視為孩子氣的表現，或者乾脆認為我們是可悲的人。

　　我們害怕自己眼中的「重大」事故，在他人眼中不值一提，或者不被理解，反而顯得處境尷尬。他人甚至可能會因

為這個原因而輕視我們，認為我們反應過度，所以，我們總是想方設法去刻意忽視、壓抑自己的負面情緒。

在對待負面情緒的方式上，男女也存在著性別差異。男性更傾向沉默、逃避，因為在社會認知中，如果男性有著脆弱的情感，會嚴重影響他的男子氣概。

有趣的是，當小孩子嗚咽哭號時，往往男性更喜歡去戲弄他們。如果男性在成長過程中，難以控制自己內心柔軟的一面，往往也會成為同伴們嘲笑的對象。因此在成年後，個人的自尊以及社會壓力，不允許男性釋放自己的負面情緒。

女性則更可能是因為害怕被他人評價為「過度敏感」，從而抑制了她們釋放情緒的動機。例如，當女性在伴侶面前哭泣時，在不少情況下，男方會感到一定程度的不適，甚至是憤怒。

2011 年，在學術期刊《科學》（Science）上就發表了一個非常簡潔有趣的實驗，實驗發現，女性情緒化的淚水，會釋放出一種化學成分，在聞到這種味道後，男性會「性」趣大減，睪固酮下降，心理情緒也會變得低落。

在潛意識層面，女方伴侶的這種情感流露，則會讓男方產生愧疚心理，至少會覺得自己對其負面情緒的產生有一定責任。再深一層的話，由於從男性的孩提時代開始，他們就有著「哭泣等同於被他人嘲笑、斥責」的認知烙印，這使

得在伴侶出現類似行為時，其內心會產生一種難以抵抗的情緒，促使他們將自己與伴侶隔離開來，因為他們並不知道應該如何解決這個問題，這也是很多「冷暴力」的成因。

我們應該採取什麼行動？

在探索了那麼多隱藏負面情緒的原因後，我們不禁思考，怎麼才能不去壓抑自己的情緒，避免慢性中毒呢？

以社交場景中引發的負面情緒為例，如果我們不去告訴對方，他們的言語或者行為不當，那麼不管是有意或是無意，他們仍會繼續著同樣的行為；如果我們不表現出自己的不適，那麼他們並不會察覺到他們正在傷害我們；如果我們依舊默默忍受的話，就彷彿是我們明知對方的勺子裡有砒霜，卻仍然張嘴去接一般。

因此，如果期望他人能真正發生改變，我們不僅需要言語，還需要用行動來表達自己。當然，大部分人都是「性本善」，所以我們沒有必要因為他人的無心之過而斥責。但由於他們對事物的認知以及敏感度一如既往，那麼我們就需要讓他們知道，他們的一些言行會影響到我們的情緒。

如果我們不向他們揭示自己的內心，他們永遠不可能對我們產生共情，或者提供我們所需要的反應。沒有我們的回饋，即使他們認識到自己的錯誤，也很難找到改變的方向。

坦誠地表達自己的真實感受並不尷尬。事實上，在很多情況下，我們所認為的尷尬之事，在他人的世界中，還不如一則社會新聞來得記憶深刻。這個現象有一個耳熟能詳的名字，叫作「聚光燈效應（spotlight effect）」。

心理學家們在 2000 年就以此做了一個研究，實驗參與者被要求穿著特製的 T 恤走在街上，T 恤上頭則印有令人感到極其尷尬的低俗用語或圖片，大部分參與者都相信，自己的怪異 T 恤會引來非常大的注意，結果卻發現，實際上注意到他們的人數，要比預計的低 50%。

生活中也是如此，比如當感到臉上有髒東西時，或者不小心摔倒了，我們會覺得全世界的人都在看自己，然而事實上，這個景象在很多人的腦海中，停留不足 1 秒就會轉瞬即逝。

人類是一種臉皮很薄的生物，沒有厚厚的皮囊與盔甲來保護，如果我們不能在沒有外界安慰與支援的情況下，去訓練自我和解、自我接受的能力，我們將永遠不能為自己的情緒充電，為我們的大腦解毒。只有變得更為決斷，才能堅守住情緒的陣地，不被負面情緒所侵占。

因為負面情緒也是我們生而為人的一個重要部分，釋放負面情緒，並不會讓我們變得軟弱、受傷，只有深入地瞭解內心的負面情緒，自我接受，才能真正掌控自己的情緒，而不被外界的事物與人所左右。

　　美國影星喬治‧克隆尼（George Clooney）於 2009 年所主演的《型男飛行日誌》（Up in the Air），結尾就有這樣一段話：

　　「你的人生有多重？想像一下，你正背著一個旅行背包，我想要你感受到背包在你肩上的重量。現在，我想讓你用『人』來裝滿這個背包。從熟人開始，再到朋友的朋友、同學、辦公室的同事，之後輪到你感到最親密、願意與之分享祕密的人。接下來是你的兄弟姊妹、你的親戚、你的父母，最後是你的另一半。

　　「你將這些人都放進肩上的那個背包，感受背包的重量。沒錯，你的人際關係，就是你人生中最為沉重的因素。你感覺到肩帶在緊勒著肩膀嗎？那是所有的談判與爭論，祕密以及承諾。但是其實你並不需要背著那麼沉重的東西，為什麼不把背包放下來？我們走得越慢，我們死亡得越快。」

大腦特工隊的宮鬥劇

令人煩惱的情緒謎團

　　每一個心理學家都想研究出一種萬能的解藥，讓人們自信、快樂、成功，但是想要達到這個目標，卻宛如天方夜譚一般。

　　想像有一部機器，可以讓你變得非常快樂、擁有自信、擺脫憂慮，並且清除一切讓你不快樂的想法以及感受。相信所有人都會不假思索地說：「快點給我吧！」

　　其實這個機器在我們來到地球新手村的時候，就已經在我們的「裝備欄」裡了，它叫作「大腦」，或者說是我們的思想。

　　很多人也許會開始疑惑：「你是不是在耍我？如果大腦真的像你說的那麼好，為什麼我的大腦卻給我帶來那麼多的痛苦。」

這是因為我們大腦裡有一個謎團。即便此時此刻，它也正控制著我們用手拿著書，透過眼睛來進行閱讀，而不是用手在揮舞書籍四處奔跑，或是大喊大叫，因為我們（大腦）對自己的肢體有著完全的掌控權。

　　但是我們在控制著肢體坐著閱讀時，大腦卻可能同時在遨遊四方，無休止地向我們灌輸不相關的想法或者感受，也就是我們常說的「分心」。

　　這顯然一點也不合理，做為一個人，為什麼我們卻無法控制自己的大腦，操控自己的思想呢？

大腦裡的分身

　　小時候，我們經常聽長輩或者老師提到，要有自制力，不要讓大腦裡的「小惡魔」占了上風。事實正是如此，我們大腦中不僅有一個理智的自己，還有一個情緒化、貪玩的暗黑版的自己。

　　從生物學上說，當我們在母親子宮裡時，大腦還只是一個雜亂的線團，隨著我們的發育和成長，各個線條慢慢開始梳理，產生了連結。然而，在發育完全後，人類的大腦仍似

一片混沌，並非一個整體，而更像是分開的政權，時而各自為政，時而齊心協力。

　　我們真正進行思考的區域，也並非像我們所想的那樣，而是整個大腦。通常在一般情況下，負責思考的是我們的前額葉，顧名思義，是頭頂到額頭部位的大腦區域。其他的部分則更像是無意識的機器，它們沒有思維，只會對大腦中樞發來的指令進行回饋，輔助我們進行日常的工作。

　　總體來看，造物主似乎把我們的大腦設計得很合理，大腦裡既有一個發出指令的司令部，又有接收外界資訊與傳達指令的相關區域。

　　但如果僅僅是這樣，顯然我們不會有任何的情緒問題。可惜的是，大腦中還存在著另一股「惡勢力」，它不受我們的思維約束，完全自主，時不時就會扯著大腦的其他區域大喊：「我也要思考！」

　　這時，我們的腦海裡就出現了「真假美猴王」的劇情：有一個「六耳獼猴」在「為你思考」，但它用的卻是另一種截然相反的思維方式。我們理智的大腦希望有邏輯地進行思考，但「戲精」大腦卻更為情緒化，更具戲劇性。

理性與感性的互搏

僅是額葉（Frontal Lobe）這一個區域，內部就有很多精細的分支。

想像一下，某一天你走進辦公室，聽到有一個同事正在向其他人說關於自己的壞話。這時，你的大腦就會很憤怒，大腦中較為本能的邊緣系統大喊：「殺了他！」這時，較為理性的眼眶額葉皮質區域（orbitofrontal cortex）急忙攔住：「等等！等等！我們會暴露自己，我們需要悄無聲息地幹掉他，好嗎？」

當然，我們的內疚與良知會適時地出現，不過它們勢單力薄，往往很難將大腦中的「極端分子」說服，便只得希冀於大腦中的法官——背外側前額葉皮層（Dorsolateral Prefrontal Cortex）的英勇相助。

但是得到的回應卻顯得有些冷淡：「我對你們的爭鬥瑣事不感興趣，我只需要你給我事情發生的緣由與證據，我會進行邏輯的梳理。」

腹內側前額葉皮層（Ventromedial prefrontal cortex）則更為感性，生氣地說：「我不明白為什麼你們總是以自我為中心，為什麼你們從來不考慮他人的感受，我們需要設身處

地地思考一下，為什麼別人會這麼說我們。」

這個時候，負責大腦各區域交流的扣帶皮層（Cingulate cortex）終於張口：「好吧！我會判斷事情到底有多嚴重，然後檢索一下我們的記憶倉庫，如果我們殺了人會發生什麼事，如果我們好好去溝通的話又會發生什麼事。」

不誇張地說，我們的大腦時時刻刻處在「宮鬥劇」之中，我們只能寄希望於理智的大腦，而不是讓提議「殺了他」的大腦占上風，獲得統治權。

你也可以把這種「宮鬥」的場景想像成賽馬：每當一個事件出現，大腦裡的各個區域就會像跑道上的賽馬一樣，奮力衝刺，爭奪冠軍。當某個區域受損，我們的情緒管理能力，就會出現相對應的損傷。

在 19 世紀，出現了一位影響了整個學科的臨床案例——費尼斯‧蓋吉（Phineas Gage），他在工地進行爆破工作時，不幸被鋼筋貫穿了大腦，但卻奇蹟一般地存活了下來，不過前額葉卻被徹底損壞。在蓋吉康復後，他的一切生活功能如常，但是卻從過去那個平易近人、幽默睿智的蓋吉，變成了一個暴躁專橫的人。

另外，在 20 世紀獲得過諾貝爾獎，卻又臭名昭著的臨床手術——前額葉白質切除術，就是透過簡單粗暴的方法，將患者前額葉與大腦其他區域的連接斷開，結果造成了很多

術後不可逆的損傷。由此可見，大腦中各個區域就像是一個電路板，缺少任何一部分零件都會導致短路。

三國爭霸

　　如果我們從神經科學的角度來看這個問題，大腦裡主要處於「三國爭霸」的動盪局勢，它們分別掌控著我們的情緒、行為以及思想。

　　就像一部機器一樣，在未獲得我們允許的情況下，無時無刻想要給我們灌輸不需要的思想和情緒，比如焦慮未來將要發生的事、擔憂他人對自己的看法……，這部機器有一個著名的稱呼，它源自於暢銷書《黑猩猩悖論（The Chimp Paradox）》，叫作「內在的猩猩」。

　　其實，這隻「猩猩」才是我們身體的主人，它在我們出生前就掌管著我們的軀體，而我們才是入侵者。因此，如果我們想要在生活中一帆風順，不被「猩猩」一直打擾，我們便需要深入地瞭解體內的這位「朋友」。

　　理智的「我們」，掌控著真理與富有邏輯的思維，生活在大腦的前額葉區域；而「猩猩」則操縱著情緒以及感性

的思想，它的活動範圍是大腦的邊緣系統。另一個夾在「我們」與「猩猩」之間的，則位於大腦的頂葉，它像是一臺公用電腦。

雖然電腦本應比我們自己更為理性客觀，但是由於「猩猩」的存在，電腦裡儲存了很多不必要的垃圾檔和病毒，使得我們在運行的時候，經常出現當機或者程式運行不順暢的情況。

如此一來，我們就像是三國時期的漢獻帝一樣。怎麼才能知道誰在主事呢？其實也很簡單，只需要問自己一個問題：「這是我想要的嗎？」說不定你會驚訝地發現，大部分的時間，你都是被奸臣「猩猩」所挾持。

理智與感性的博弈

很顯然，和史書中的描述相似，「奸臣」總是有著權傾朝野的實力，總是能先下手為強。可想而知，「猩猩」的實力遠遠強於我們的理性。如果想要反敗為勝，便需要極其智慧的謀略，並且刺探出「猩猩」的弱點。

小時候，父母在出門上班前會告誡我們，不要看電視、

不要玩電腦、不要偷吃零食。然而，當他們前腳邁出房門，我們的「猩猩」就開始操控我們去吃一小口零食，打開電視看 5 分鐘，之後還會一直進讒言：「家裡那麼多零食，吃一小口他們根本發現不了。」「離他們下班還有一整天，再多看 1 小時電視也無妨。」

結果可想而知，當父母回來的時候，就會說：「你嘴裡怎麼有一股糖果的味道？」、「這電視怎麼這麼燙？」這時，理智的我們才恢復掌控權，意識到了錯誤，開始向父母道歉，並承諾下不為例。

這就是「猩猩」操控我們的固有模式，它的行動總是能先於我們的理智。這時我們就需要聯盟中立國「電腦」，讓它成為我們駕馭「猩猩」的項圈。我們需要時刻關注電腦的動態，清除多餘的任務與程式，在「猩猩」霸占電腦時，設法奪回控制權。

人類生於叢林，遵從「猩猩」的指令，其實才是真正的自我。我們並不是為現代社會的結構而生的，近百年的現代社會，相較於數百萬年的人類進化史，只是滄海一粟而已。但是，如果我們想要在現代社會中生存並且成功，就必須反其道而行之，拋開自己的天性，學會克制。

就像是有的人養了一條狗，當狗咬了人，我們不能把責任推卸給狗，因為我們才是狗的主人。對待猩猩也是如此，

我們不能把自己的享樂行為歸咎於「猩猩」，如果你考試前沒複習，成績不及格，老師在聽了你的「猩猩」理論以後，說不定會要你再寫一篇檢討報告，甚至通知家長。

因此，我們需要在「電腦」裡設定一道防火牆，時時刻刻提醒著我們需要定期殺毒，學會自律，而不是讓「猩猩」釋放自己的本能。

雖然這個過程困難重重，但是我們之所以能稱為人，並且發展到如今的高科技社會，依靠的就是體內理智的人性，而不是動物性。

「一切利己的生活，都是非理性的、動物的生活。」

——列夫・托爾斯泰（Leo Tolstoy）《最後的日記》

情緒與疼痛的連結

　　情緒有著強大的能量，像一壺燒開的熱水，熱汽過剩時就會溢出來。為了能將這些感情壓制下來，我們的大腦和身體，有著充滿創造性的技巧，比如收緊身體的肌肉，或是屏住自己的呼吸。

　　焦慮以及憂鬱這兩大在全球迅速蔓延的心理疾病，就很大程度上源於我們過度地壓抑各種與生俱來、無法忽視的負面情緒，當這些情緒超出我們的承受範圍時，就給我們的大腦以及身體施加壓力，形成了心理上的困擾，以及臨床心理疾病的症狀。

　　不論是在什麼文化背景下生活，我們在社會中學到的，往往不是如何去應對自己的情緒，而是怎麼去遮掩和逃避它們。諷刺的是，在這個方面，我們通常做得還不錯，酒精、藥物以及 3C 產品，成了我們逃避自己真實情緒的利器。

　　然而，當開始意識到情緒的存在，我們卻用小時候就習得的經驗來應對，比如「打落牙齒和血吞」、「做個堅強

的人」，恨不得用球拍將負面情緒擊落。這種被動的應對方式，顯然對我們的身心健康不良，就像是在開車行進時，油門與剎車一起踩，損傷的是汽車（我們的身心）的引擎和零件。

正如前文提到的，大部分人都在無意識的狀態下，被腦內的「猩猩」所控制，當真正意識到這些情緒的能量時，學會接受自己的情緒，就顯得尤為重要，這樣才能對自己情緒的控制，有很大的作用。

人生有時候就像是情緒的雲霄飛車，起伏不斷，我們不禁開始思考，自己的情緒是怎麼從頭腦裡產生，又釋放到身體的其他部位（比如免疫系統）去的呢？這其中蘊含著無數的科學原理，即「身心連結（mind-body connection）」。

情緒與疼痛共用著我們的大腦

心理健康與生理健康，往往是相輔相成的。讓我們用一個最簡單的例子，來理解這種緊密的身心連結，即心理學中著名的「安慰劑效應」。

設想一下，現在有一個人感到身體疼痛，另一個人給了

他一顆安慰劑藥丸。顯然，這顆藥丸對疼痛沒有任何作用，但是這個人告訴病患，這顆藥丸能緩解他的疼痛。有趣的現象就發生了：這個患者覺得疼痛開始減輕，並且認為自己慢慢康復了。

很多家長就是用這招來「哄」受傷的孩子，我們常說的多喝「熱水」、「糖水」，也是利用了這種安慰劑效應。

大部分人會認為，這只是一個心理效應而已，但是事實上，這種心理效應也會反應到生理上。因為當一個人感到疼痛時，他的心跳率會增加，呼吸會變得急促，但是當我們給了他一顆安慰劑藥丸時，他的心跳率和呼吸，便會出現下降的情況，這與止痛劑帶來的鎮靜效果是相似的。

感受到疼痛時，我們總是會覺得只局限於受傷的部位，但事實上，疼痛這種感受，是在我們的大腦中進行加工的。正因為如此，有的人會在受傷或是術後痊癒之後，仍然能感受到長期的疼痛。有的人甚至在截肢之後，還能經常體驗到「幻肢痛」。

在 2013 年，科學家們對一組長期背痛患者追蹤調查了一年，對他們進行了大腦成像的掃描。結果發現，在最初階段，這些背痛患者的疼痛資訊，是切切實實在大腦的疼痛中心進行處理和啟動的。

有趣的是，當他們達到康復的臨床標準後，卻仍然感

受到莫名的背部疼痛，因為他們大腦啟動的區域並非疼痛中心，而是情緒加工中心。很多偏頭痛、風濕病、關節炎的患者也是如此，即使已經痊癒，但是大腦卻仍然會持續生成疼痛的情緒信號。

這也說明生理上的疼痛，不僅僅是由身體上的疾病和損傷引起的，壓力以及情緒同樣起著重要的作用。通常來說，當一個人產生生理疼痛時，也意味著有情緒上的問題亟待解決。

無數研究證明，情緒上的問題不僅僅與心理疾病相關，還與心血管疾病、腸道疾病、頭疼、失眠以及免疫系統疾病等，有著緊密的連結。

負面情緒帶來疼痛

由於我們的情緒與大腦的感知區域有著密切的連結，因此我們所感受到的情緒，在一定程度上會在我們的生理感受上表現出來。

我們的負面情緒，比如恐懼、憤怒、悲傷、焦慮、憂鬱等，就像是大腦中燃燒的火，而疼痛就像是燃料，讓這團火

焰持續燃燒。想像一下，如果每天伴隨著疼痛醒來，你是否會同時感到壓力、挫折以及憤怒？因此，患有長期疼痛病症的人，大部分也都會得到情緒低落與焦慮等疾病。反之，憂鬱、焦慮的患者，得到長期疼痛疾病的機率，要比健康人群高上三倍。

這就像是一種惡性循環，伴有長期疼痛的患者，往往會選擇避免勞累或者社交，進而容易引起心理疾病。心理疾病患者同樣如此，經常會由心理問題導致生理上的疾病。

直至今日，神經科學家們已經透過各類的研究發現，一個人遭受的負面情緒和困擾越多，他的焦慮感也就越強。迷走神經是身體裡的情緒中樞之一，在這個過程中扮演著重要的角色，它會對大腦裡產生的情緒做出相對應反應，然後傳送回饋信號到我們的心臟、肺以及腸胃。

這些資訊讓我們的身體做好準備，去應對潛在的危險。這個自動快速的古老運作系統，是在我們無意識的情況下進行運作的，這也是人類生存數百萬年而不被大自然所淘汰的原因。

當我們出汗、心跳加速、呼吸急促的時候，就是我們身體應對壓力時的反應。這時，我們的身心有兩個過程，大腦的壓力應對中心（下丘腦垂體）釋放出應對壓力的荷爾蒙，與此同時，我們的腎上腺也會釋放腎上腺激素，正是這些過

程，才創造出了我們面對壓力時所體驗到的各種感受。

　　當我們長期處於負面情緒的壓迫之下，比如需要長期照顧臥床的病患親人、數年都處於婚姻破滅或是失業的壓力下，我們身體就難以持續分泌出那些對我們有益的荷爾蒙，而這些荷爾蒙，正是我們身體應對衰老、對抗發炎、恢復傷口、阻止癌症惡化等情況的良藥。因此，長期的負面情緒，會降低我們的免疫力，使整個免疫系統變得遲鈍，甚至引發生理上的疾病和疼痛。

　　因此，被負面情緒困擾的我們，會更容易被外界的病毒（如流感）所侵擾，當我們去醫院接受治療，效果也會打上相對應的折扣。當我們的身體受傷時，傷口恢復所需的時間也會更長。

　　我們都知道，流感病毒才是我們得到流感的真凶，外在的創傷是我們傷口疼痛的源頭，基因和環境突變是導致我們癌變的原因，負面情緒雖然並不是罪魁禍首，但卻能加劇這些惡性事件。

美景帶來良好的情緒與健康

思考一下，那些最貴的公寓、別墅或養老院，是不是大部分都是擁有無敵海景或者山景呢？無論文化、性別、職業、教育程度如何，人類都是一種喜歡欣賞優美景色的生物。那麼，當我們看到這些優美的景色時，我們的大腦內發生了什麼變化呢？

2007 年心理學家們發現，我們的大腦中有一塊區域，叫作「海馬旁迴（parahippocampal gyrus）」，這個區域在我們看到自己喜歡的景色時會被啟動。

心理學家提出了一個理論，就是這塊大腦區域，充滿著「腦內啡」——一種能帶給我們快樂的激素。當我們看到美景時，就像是大腦給我們打了一劑腦內啡針，讓我們感受到快感。這就是為什麼人類本能地喜歡親近自然，喜歡旅遊，也是健康領域的專家建議我們要多出去與自然互動的重要原因之一。

1984 年，在學術期刊《科學》上，發表了第一篇證明外在環境能影響人的健康、康復程度的文章。心理學家羅傑・烏立克（Roger Ulrich）設計了一個非常簡單而巧妙的實驗，他在醫院以做了膽囊手術的患者為觀察對象，這些患

者都接受著相同的醫療，由相同的醫護人員看護，唯一的區別就是，有的患者病房裡有一扇窗戶，可以看到窗外成長的大樹，而另一些患者的病房沒有窗戶，環顧四周只能看到磚牆。

結果發現，僅僅這麼一扇窗戶的差別，卻能帶來極大的康復差異。那些窗外能看到樹木的患者，康復所需的時間較短，對止疼藥的需求也更少。另外，在護理師的觀察筆記上，這些患者的情緒記錄也更為積極。

馬克・吐溫（Mark Twain）曾說：「憤怒是一種酸，它對儲存它的容器的傷害，要大於它對任何接觸它的物體的傷害。」這句話就具體地刻畫出了我們所處的心理世界：負面情緒對我們的心理以及生理健康有著不良的影響。

為了應對這些負面情緒帶來的隱性傷害，我們需要認識到腦內「猩猩」的存在，學會中和負面情緒帶來的「酸性」，再慢慢將這些情緒釋放出去。

「憤怒是一種酸，它對儲存它的容器的傷害，要大於它對任何接觸它的物體的傷害。」

——馬克·吐溫（Mark Twain）

PART 2

瞭解情緒模型：
如何停止不開心

- ◆ 情緒的維度：積極情緒與消極情緒的對壘
- ◆ 負面情緒的混沌宇宙
- ◆ 我們的思想，也是情緒的工廠

情緒的維度：積極情緒與消極情緒的對壘

對於我們每天所體驗到的各種情感，心理學家們使用了一個二維模型來對它們進行分類。設想你在閱讀一本書，例如小說《魔戒》，這本書裡包含的任何情感，都可以在某個維度上找到它們的座標，結合其主要性質，大致能被分為「好」或是「壞」、「開心」或是「傷感」。

因此，當洛汗鐵騎大軍衝向半獸人時，或是哈比人最終摧毀魔戒時，你會感到既興奮又快樂，情緒高漲；另一方面，如果你處在奇幻的中土戰場，你會因為洛汗國王的陣亡而傷感，會因樹人領地被半獸人焚毀而悲慟，在這種沉重心境下，沮喪感可能是負面情緒和缺乏興奮的結合。

人們需要快樂，就像需要衣服一樣。同樣地，快樂並非是我們唯一的「衣服」，也不是唯一能讓我們保持健康的情緒，興奮、愉悅、驕傲等情緒，同樣都不可或缺。

如同進化一般，同一祖先的生物，可能會在漫長的演化過程中，出現無數的進化分支和物種，來保持族群與生態系

統的多樣性。2018 年，來自美國與德國的心理學家們就曾思考，是不是正因如此，人類才進化出如此多樣且獨特的情緒，並得以透過多維度的情緒，來保障自身生理以及心理的健康，即防止自己被某一種情緒完全主導。

心理學家們招募了 175 個中年人，要求他們在一個月的時間裡，每天記錄自己的不同情緒，感受不同情緒的頻率以及強度。這些情緒包括 16 種正面情緒（如熱情、感興趣、放鬆……等），以及 16 種負面情緒（如害怕、失落、緊張不安、疲憊……等）。在 6 個月後，這些中年人的抽血樣本將會被採集，以用於檢測他們的生理情況。

在我們進行更深的情緒探索前，不妨來看一看兩個情緒維度中各自有什麼成員。

- 積極情緒維度：

  熱情（enthusiastic）、感興趣（interested）、
  堅毅（determined）、興奮（excited）、
  愉快（amused）、有靈感（inspired）、警戒（alert）、
  活躍（active）、堅強（strong）、驕傲（proud）、
  專注（attentive）、快樂（happy）、放鬆（relaxed）、
  鼓舞（cheerful）、舒適（atease）、平靜（calm）。

- 負面情緒維度：

  恐懼（scared）、害怕（afraid）、失落（upset）、
  痛苦（distressed）、神經過敏（jittery）、
  緊張（nervous）、羞愧（ashamed）、內疚（guilty）、
  易怒（irritable）、敵意（hostile）、疲憊（tired）、
  遲鈍（sluggish）、困頓（sleepy）、陰鬱（blue）、
  悲哀（sad）、昏昏欲睡（drowsy）。

總體而言，每天都報告體驗到多樣情緒維度的人，得到癌症的機率比體驗到較少情緒維度的人要低，即使他們感受到積極情緒的頻率相似。研究者們控制了這些被試人群的性格、體重、藥物、健康程度以及人口特徵後，這個結果仍然沒有變。

由此可見，廣維度的積極情緒，有利於維持我們身體的健康。令人驚訝的是，在另一個維度（負面情緒）中，卻沒有觀測到我們預想的結果，對於癌症來說，人們是否經常經歷負面情緒，似乎無關緊要。

在生活中，我們也可以透過記錄情緒，來利用各種情緒帶來的益處。我們每天的生活被各式各樣的情緒所灌注，將這些情緒進行簡單的標註以及分類，能幫助我們更瞭解自身的內在情緒，並能夠在心理上識別，哪些場景能讓我們感到

放鬆、平靜，哪些場合能使我們興奮，這個方法也被很多心理醫師推薦給來訪者使用。

不同文化中的情感差異

　　儘管情緒的尺規看似世界皆準，但事實上，在不同的種族、文化群體中，情緒所代表的含義以及帶來的影響也是不同的。

　　我們在遇到壓力時，體內會分泌一種叫「皮質醇」的激素來進行應對。心理學家們實驗發現，美國人在產生負面情緒時，體內的皮質醇分泌更明顯；而有趣的是，對於日本人來說，他們雖然報告了更嚴重、更廣維度的負面情緒，但是這些負面情緒，與他們皮質醇分泌的關聯性卻微乎其微。

　　結合我們平時所瞭解到的美國人個性張揚與日本人壓抑自律的社會文化差異，這種情緒上的差異也就不難理解了。

　　這些差異從何而來？如何將文化和我們的情緒與健康結果聯想在一起？研究顯示，當我們處於不同文化群體時（如東亞文化、盎格魯撒克遜文化等），即使是同樣的情緒，也會由於文化的不同，而對其產生不同的理解。

在西方文化中，鼓勵獨立自我的認知。情感被認為與一個人的內在屬性和個體責任緊密相關，因此，西方的人們通常積累和最大化個體的積極情緒來追求幸福；反之，消極情緒因其阻礙健康的性質，而常常被認為是「無用的」和「應避免的」。

　　此外，消極情緒可能會被解釋為「有害」，因為它們可能代表著對自身的威脅。這種本能上所感知到的威脅感，便會帶來壓力，並最終損害健康。

　　而在東方文化中，關於情感的民間理論，深深根植於佛教和儒家的歷史辯證傳統中，例如過猶不及、中庸等哲學觀點，為積極情緒和消極情緒共存提供了更為平衡的空間。東方文化認為，積極情緒和消極情緒不是相互排斥的，而是「相輔相成」且具有「週期性的」。

　　相較於西方文化中，情緒更容易被個體內在特質以及責任所影響的觀點，東方文化更傾向於認為情緒更易受外在情境的影響。因此，東方人對負面情緒的理解更為溫和，同樣也可能會降低他們日常生活中所感受到的壓力，從而減輕了他們對身體健康的某些不良影響。

東方視角與西方視角

2001 年，日本的社會文化學家增田貴彥（ますだたかひこ）和同事做了一個實驗，分別向日本人與美國人展示魚缸的圖片。當看這類的場景圖時，美國人更注重於圖中的焦點圖像（個體因素），比如魚；而日本人則更注重於背景（情境因素），比如水草、珊瑚、岩石。

當最初圖片的物體被放置在新的環境時，由於失去了先前的背景因素，日本人識別原事物的準確度，要遠低於美國人。

之後在 2004 年，他們又透過向被測試者展示卡通人物來進行實驗，結果發現相較於美國人，日本人更傾向於透過臉部輪廓來辨別表情。

在 2012 年，另一些心理學家也發現，東方人傾向透過眼睛周圍的肌肉判斷表情，而西方人則喜歡透過嘴巴周圍的肌肉判斷表情。

這些研究的發現，說明了文化因素的巨大影響：亞洲人更能注意到情境因素，而西方人則更注重於個人行為。另一個由莫里斯和彭開平在 1994 年所做的研究發現，中國人和美國人在分析社會性事件時，也有著不同的視角：

美國人關注內在因素，而中國人則更關注外在因素。當報導同一則謀殺案時，英文報紙更注重於殺人犯的個人因素，而中文報紙則更注重於外在情境。

情緒的共通

儘管在整個地球村，每個族群、每種文化都對情緒有著不同的理解，但總體上來說，人類對情緒的認知是相近的。其中最為著名的研究，莫過於心理學家保羅·艾克曼（Paul Ekman）於 1967 年前往巴布亞紐幾內亞所做的情緒實驗。

他之所以選擇巴布亞紐幾內亞，是因為那個小島與世隔絕，島上的居民仍處於石器時代，未與外部世界有過任何接觸。令人驚奇的是，當艾克曼博士詢問與情緒相關的問題，並讓他們做出相對應的臉部表情時，他們的表情與外部的人類世界是一致的。

每一種情感都能在積極與負面的二維模型中，找到合適的座標，就像是害怕更進一步會成為恐懼，生氣更進一步會發展為憤怒。這些極性，正與負、高昂與低落，影響著我們的心理狀態，因此也影響我們的身體健康。因為究其根本，

心理學也是生物學。

當涉及我們情緒的物理影響時，它幾乎可以按照我們預期的方式進行。幸福是有益的，而長期的憤怒或沮喪，會使我們容易遭受各種健康與福祉問題的困擾。

但慶幸的是，如果我們生氣或難過，我們常常會高估不良情緒的持續時間，而低估了我們適應創傷和從創傷中恢復的能力。即使情況非常糟糕，甚至令人絕望，但就如同「陰陽」一般，我們的情緒最終能調和出一種內在的平衡。

負面情緒的混沌宇宙

　　我們自幼就經歷各種情感，當成年人試圖駕馭現代生活的混亂時，一天內所經歷的情感範圍，也可能會發生巨大變化。

　　由於我們感知和回應情緒的能力，通常被認為是理所當然的，所以我們很少停下來思考，並密切關注自身的感受。我們不認為這些情緒會對心理和生理狀態產生影響，也不認為負面情緒的長期存在，可能會對身心健康有害。

　　在這一節，我們將更深入地探索情緒——尤其是負面情緒，以及造成這些情緒的原因，這些情緒的影響，以及我們如何利用它們來創造一種強烈的幸福感。

什麼是負面情緒？

區分什麼是「情緒（emotion）」和什麼是「感受（feeling）」很重要，雖然兩者相互關聯，看起來並無不同，但它們之間的差異，比你想像的要大得多。

情緒被認為是「低級」反應，它們首先發生在大腦的皮質下區域，例如杏仁核和腹內側前額葉皮層，這些區域負責產生能夠直接影響我們身體狀態的生化反應。

經過漫長的演化，情緒被編碼到我們的 DNA 之中，並被認為是一種可以幫助我們快速應對身邊各種潛在威脅的工具，就像人體中最為根本的「對抗或者逃跑（fight or flight）」反應一樣。

另外，杏仁核不僅是我們的恐懼中樞，還被證明能釋放與記憶相關不可或缺的神經遞質，這就是為什麼我們充滿情感的記憶事件通常更強烈，並且更容易回憶。

情緒比感受具有更強烈的生理基礎。在科學研究中，情緒更容易透過諸如血液流量、心跳、大腦活動、臉部表情和肢體語言等生理反應，來客觀地進行測量。

另外，情緒往往先於感受產生，感受更像是我們對於自己所經歷情緒的一種反應表達，情緒往往在人類群體中具有

廣泛性；反觀感受，則更容易被主觀的個人經歷和對外部世界的個人理解所影響。由於感受是如此主觀，所以科學家們也無法像測量情感一樣來測量它們。

前文提到的著名的心理學家，同時也是美劇《謊言終結者》（Lie to Me）的原型，保羅‧艾克曼的情緒研究發現，情緒是全世界共通的。在 1999 年，他進一步定義了六種基本情緒：憤怒（anger）、厭惡（disgust）、恐懼（fear）、快樂（happiness）、悲哀（sadness）、驚訝（surprise）。

之後他又進一步充實了這個情緒庫，增加了另外十一種基礎情緒：開心（amusement）、輕蔑（contempt）、滿意（contentment）、尷尬（embarassment）、興奮（excitement）、內疚（guilt）、驕傲（pride）、釋然（relief）、滿足（satisfaction）、感官愉悅（sensory pleasure）、羞愧（shame）。

心理學家將負面情緒定義為「一種令人不愉快的情緒，引發對外部事件或個人的消極影響」。透過閱讀之前的情緒維度表，以及艾克曼的基本情緒列表，我們可以很容易地判斷出哪些情緒能被定義為「負面」情緒。

儘管我們可以使用「負面」、「消極」等標籤來定義不良的情緒，但是我們仍然需要理解，所有情緒都是存在完全合理的正常體驗，它們是我們 DNA 中根深蒂固的一部分。

重要的不是排斥負面情緒，而是瞭解何時以及為什麼會產生負面情緒，並發展積極的行為來應對。

8 種常見的負面情緒

隨著逐漸踏入情緒宇宙，我們發現負面情緒並非那麼可怕。沒有它們，我們將無法欣賞積極，感受快樂。與此同時，如果我們發現自己始終傾向於一種特定的情緒，尤其是一種消極的情感傾向，則意味著是時候去探討為什麼會如此了。

接下來，我們來看看 8 種最為常見的負面情緒，以及它們出現的原因：

◆ 憤怒

有沒有人制止你去做你想做的事情？你當時的感覺如何？你體內的血液會湧上來嗎？體溫會升高嗎？眼裡會不會充血？所謂的「怒髮衝冠」，便是非常具體地描述了憤怒情緒。這是因為當事情不如我們所願時，我們的身體會對其做出反應，進行修正的嘗試。

當我們感到生氣時，臉色會成為我們憤怒的尺規，我們可能會大吼大叫，甚至出於發洩的目的亂扔東西。此時，我們正在嘗試以一種自己的方式來應對使我們憤怒的情況，這往往是我們遇到憤怒事件時的唯一解決途徑。

如果我們經常以這種方式對憤怒場景做出反應，那麼，最好去探索其深層原因，並且提出更積極的策略。

◆ 煩惱

在公共場所時，你的鄰座是不是手機外放的聲音很大？你的家人是否總是將髒盤子留在水槽中？儘管我們並不厭惡他們，但是他們的這些行為，會使我們感到非常煩惱。

在情緒維度中，煩惱是一種較弱的憤怒形式。儘管其激烈程度不如憤怒，但是在我們的大腦中，對於這兩種情緒有著相似的處理方式——發生了某些事情，或者某人正在做你討厭的事情，並且你無法控制它，這時你就會開始煩惱。

◆ 恐懼

恐懼經常被認為是最基本的情感之一，正因為如此，我們的大腦裡有一個特定的區域來應對恐懼，即我們之前所提到的杏仁核，因為恐懼與我們的自我保護意識緊密相關。

這是生物在進化過程中不斷演變的結果，旨在警告我們

有關危險情況、意外或事故的資訊。正視恐懼情緒並探究其產生的原因，可以幫助我們主動做好應對潛在挑戰以及威脅的準備。

◆ 焦慮

　　就像恐懼一樣，焦慮同樣在試圖警告我們潛在的威脅和危險。人們通常認為這是一種消極無益的情緒，因為焦慮的性格會影響判斷力和行動能力。

　　然而新的研究發現了相反的結論：焦慮增強了人們識別帶有憤怒或恐懼表情的面孔的能力，即在一定程度上，增強我們對潛在威脅的感知。

　　另外，適度的焦慮感，能提高我們能力的發揮，比如每個人在演講前都會感受到焦慮，這種焦慮感能幫助我們精神高度集中，以此來應對即將來臨的「危險事件」——演講。

◆ 悲哀

　　當我們成績不佳或者無法完成他人託付的工作時，我們可能會感到難過；當我們對自己的能力、成就或周圍其他人的行為不滿意時，就會產生悲傷的感受。

　　經歷悲傷可能是件好事，因為它顯示了我們對某件事充滿熱情，它可以成為追求變革的強大催化劑。

◆ 內疚

內疚是一種複雜的情感，可以與我們從未希望發生的行為有關，也可以與我們的行為如何影響周圍的人有關。內疚通常被稱為「道德情感（morale motion）」，並且可以成為鼓勵我們改變生活的另一種強大催化劑。

◆ 冷漠

像內疚一樣，冷漠可能是一種複雜的情緒。如果你對以前喜歡的事物失去熱情、動力或興趣，便可能與冷漠有關。它又像憤怒一樣，當我們失去對情況的控制時，就會出現冷漠的情緒，但是我們不會生氣，而是選擇更為被動的叛逆表達。很多時候，親密關係中的「冷暴力」就是如此。

◆ 絕望

有沒有過多次嘗試盡全力去完成某項任務或目標，但是結果卻沒有成功的體驗？這種感覺很令人絕望，這是我們無法獲得想要的結果時產生的一種情感。

絕望為我們提供了放棄期望目標的藉口，成為一種自我保護的策略。在繼續追求具有挑戰性的目標之前，絕望感實際上是一種有用的提醒，告訴我們是時候該休息一下了。

負面情緒從何而來，為什麼我們會有負面情緒？

　　一旦開始探索更多的負面情緒，我們便可以真正瞭解可能導致或觸發負面情緒的原因，以及我們為什麼會擁有這些情緒。

　　就原因而言，周邊世界瞬息萬變，引發不同情緒的因素自然不勝枚舉，例如：

- 進行第一次全校演講時感到焦慮。
- 在開車時被他人不恰當的開車方式所影響，導致「路怒」。
- 情侶分手，至親離世時的悲傷。
- 為同事沒有及時完成重要項目的工作而惱怒。
- 對自己無法堅持目標感到絕望。

　　情緒是一種起始資訊，可以幫助你瞭解周圍的事物。負面情緒更是如此，它們可以幫助你識別威脅，並準備好積極應對潛在危險，有時它還能讓你腎上腺激素飆升，獲得更好的發揮。生活中許多的經歷，都會激發出不同程度的情感反應。做為人類，你將在一生中經歷各種情緒，以應對瞬息萬變的情況。

　　我們需要克服並且遮掩所有負面情緒嗎？

先說結論：不需要。

對於我們來說，想擺脫讓自己感到不適的情緒是很正常的，現代世界中，人類可以說是萬物的主宰，而負面情緒做為一種進化出的本能反應，並不能真正顯示外界是否有對我們產生實質威脅的事物，完全克服和阻止它們，對我們來說顯然是不利的。

負面情緒是生活中非常正常、健康和有益的部分，在情緒世界中，重要的是不要陷入「幸福陷阱」，不要認為這些負面情緒是虛弱或無能的象徵，試圖躲避負面情緒，反而容易導致進一步的情緒痛苦。

做為人類，我們將在一生中經歷各種情緒，以應對瞬息萬變的情況。沒有任何情緒是毫無意義的，當我們開始進一步探索，並理解每種情緒背後的目的時，我們將學習新的應對方式，以支援我們的情緒成長，尋求幸福感。

在探索負面情緒時，我們需要明確一件事，它們並不是我們所能獲取的唯一資訊來源。在對任何情緒採取行動之前，還應該尋求檢索以前的經驗、大腦裡所儲存的知識和記憶、個人價值，以及在任何情況下的預期結果。

要記住，情緒是一種基本的本能反應，因此，你擁有對情緒反應方式的決定權，而不是讓它們劫持你的行為。

負面情緒的影響

「負面情緒是我們生活中健康的一部分」，儘管明白這一點很重要，但給予其過多的自由，自然也會帶來不利的一面。

如果你花太多時間專注於負面情緒，以及可能造成負面情緒的情況，便可能會陷入「反芻思考（rumination）」。這是一種對自身消極的情緒狀況，和個人負面經歷不斷思考、重放或困擾的傾向。

比如在某一次演講或是工作簡報時出了大紕漏，被同事嘲笑、主管責罵，有的人便會經常在記憶中不斷重播這個丟人的場景，導致此後每次只要有類似的任務出現時，都會焦慮萬分，害怕自己搞砸，想要逃避。

法國作家羅曼·羅蘭（Romain Rollan）在《貝多芬傳》中寫道：「痛苦已在敲門，它一朝住在他身上之後，就永遠不再隱退。」「反芻思考」便是如此，在這種消極思維的迴圈中，你最終會對自身以及事件的情況感覺越來越差，其結果可能會對身心健康產生許多不利影響。

「反芻思考」的問題在於，它會增加大腦的壓力反應迴路，這意味著你的身體被不必要的壓力激素皮質醇所淹沒。

大量研究顯示，這是導致臨床憂鬱症的重要原因之一。

　　與此同時，這種「反芻思考」的傾向，與大量有害的刺激應對行為（如暴飲暴食、吸菸和飲酒等），以及不良的身體狀況（包括失眠、高血壓、心血管疾病以及臨床焦慮和憂鬱等）相關。

　　另外，在經歷了負面情緒之後，長時間沉浸於「反芻思考」的人，比普通人需要更長的時間，才能從負面情緒帶來的生理影響中恢復過來。

　　「反芻思考」就像是一個沼澤，容易踏入卻難以走出，尤其是大多數人根本沒有意識到自己已經陷入了「反芻思考」的沼澤中，反而誤以為自己正在積極地解決問題，這可能就會進一步影響身心健康。

我們的思想，也是情緒的工廠

自我認知的成長旅程

　　人的一生是一段奇異的旅程，在成長的過程中，每個人都會遇到一個美妙的時刻：大約在你一歲的時候，或早或晚，做為一個幼兒，會在照鏡子的時候，突然靈光一現：「噢！這是我自己。」你揮手，鏡中人也揮手；你扮鬼臉，鏡中的人也以鬼臉回應。

　　這就是你做為人類，第一次認識到自己物理存在的時刻，從此，我們開始對自己有了物理上的認知。

　　不過這時年幼的你，還沒有發展出對自己情緒的認知，時間飛逝，當你到了兩歲時，漸漸開始有了自我意識。當你被爸媽帶去超市時，你會對眼前琳琅滿目的商品充滿著好奇心，你會對各種食物產生渴望，但是這時你發現，父母並無法感受到你「想要」的情緒，他們也是獨立的個體。

因為這個「隔閡」的存在，人們總會看到嬰兒不斷哭鬧、而父母不知所措的場景。那該怎麼辦呢？還得再等等，直至 3 到 6 歲時，你才開始真正產生「自我」的認知，這時你還掌握了一個會不斷升級的武器，它便是語言。

　　你明白了它是一種表達自我的聲音，並且能幫助我們標註外面的世界。這時，外面的世界不再僅僅是各種顏色和形狀的組合，開始有了更具象的概念，你認識了桌子、椅子、車、門、貓、狗……，這時的你，每天可以學 10 個左右的新詞。

　　步入少年後，這時的你開始對世界有了更為具象的認知，慢慢習得世界的規則：為什麼鳥兒是鳥兒？為什麼爺爺是爺爺？……有趣的是，理論上，少年階段在 9 歲就結束了，但是大部分人仍然停留在此階段，而從未走出去過。

　　你生活中遇到的很多人，他們的實際年齡雖然在持續增加，但心理年齡仍然是 9 歲，這就是近年來我們常說的「巨嬰」。

　　當步入青少年階段時，我們會嘗試「破繭」，試著去打破之前學習到的規則，看看規則外的世界是什麼色彩，這就是「青春期」。但是在這個階段，我們會發現很多家長，尤其是中國家長，會選擇狠狠壓抑這種萌芽，因為「這是不好的」、「這會影響學習」。

這個時候，衝突就開始出現了：家長要求孩子不要玩手機，但是現代的孩子不可能拋棄手機；家長想要孩子誠實如一，但是他們自身卻時常言行不一。

　　無論結局誰贏誰輸，孩子最終都會如他們青年時的願，即離開家庭。

　　當你以為自己終獲自由之後，卻沒想到還有一個更強硬的「家長」在等著你，這個家長便是社會。你開始磨平稜角，拋開叛逆，學會遵循規矩，懂得了一個學位、一份工作的重要性：它們能給你帶來一處穩定的居所、一份穩定的感情和生活。

　　你開始依照社會的規律，亦步亦趨，攀爬著生活的階梯。即使你心中對老闆有著再多的怨念和不滿，還是會用隱忍來解決問題。

　　當你漸漸成熟，已到了「不惑之年」，你的生活可能會出現一些危機，使你開始重新審視社會的規則，質疑存在的意義。這些危機可能是至親的離世、感情的不順、工作的疲憊……等，你循規蹈矩的活了數十年，為什麼事情的發展卻不遂人願呢？這些問題貫穿人的一生，成為負面的情緒以及痛楚來源。

　　這時，人們往往用最簡單的方式來應對這些負面情緒，即「自我麻痺」。我們大腦裡的「猩猩」，早就注意到了我

們的痛楚，便藉李白之口來對我們「諄諄教誨」：「人生得意須盡歡，莫使金樽空對月。」

當我們質疑生命的意義時，「一飲三百杯」顯然是最簡單的麻痺方式，如果在今晚喝醉了，那麼至少在今晚，這個令人困擾的哲學問題不會來叨擾自己。

只不過有的人每週都在進行自我麻痺，而有的人甚至每晚都是如此，直至荒廢。稍微理智一些的人都會明白，酒精能使大腦遺忘問題，但卻不能解決問題，到了第二天，問題總是會再回來。

做為人類，我們顯然不會在一棵樹上被吊死，這時自然就出現了另一種方法，即「注意力轉移法」。最簡單有效的方式，就是尋找一個新的興趣，比如閱讀、音樂或者是健身。當我們的身體被故事情節所吸引，或是被健身教練折磨得筋疲力盡時，我們的大腦會分泌出腦內啡等「快樂」分子。

性愛、購物、工作，同樣是我們大腦對這些情緒問題進行逃避的常用方式，正因為如此，我們生活中才會有縱欲狂、購物狂和工作狂，有時候並非他們真的想要如此，只是大腦裡有一種難以察覺的逃避思維操控了他們而已。

為什麼我們不應過度相信自己的情緒

　　成年以後，我們很容易產生一種錯覺，即情緒是可靠的，它指導著我們、我們身邊的人，甚至是整個外部世界。這種過度理想化的觀點，被稱為「透明窗格心智理論」，表示我們能用「眼睛做為心靈的窗戶」，就像是透過一塊沒有扭曲的、無瑕疵的玻璃觀察外部世界一樣。

　　然而，人類悠久的哲學歷史，則昭示著一個更加棘手的真理。這種哲學思想學派，始於西元前三世紀的古希臘，被稱為「懷疑論（skepticism）」。顧名思義，這個理論認為，很多我們感知到的非常可信的情緒，看到的外部世界，其實並不應該被認為是準確無誤的，而是需要經過精密並理性的解讀，才能看到其真實的內在。

　　因此，我們的思想並非像透明窗格一樣那麼清澈平滑，它們充滿了劃痕、盲點與凹曲。既然如此，我們或多或少都會誤解現實，相信我們的所見所聞，最明智的做法，乃是盡可能保持「三省吾身」，審視外部資訊。

　　有一個視覺現象，曾使古希臘人異常著迷，我們每個人或許也都在兒時探索過這個現象：當我們把一根棒子的一部分浸入水中時，會發現棒子出現了彎折的現象，但是，當我

們把棍棒拿出水面後，我們會發現它仍然是筆直的。懷疑論者們便以這個小小的例子，做為通向廣闊真理的門戶：我們的感官很容易被欺騙。

通常事物呈現給我們的樣子，根本就不是它們的真實面目。而這種不斷懷疑、不斷探索的思想，也成為現代科學發展的主導力量。在 16 世紀中葉，波蘭哲學家、天文學家哥白尼，證明了一直以來我們的感官對我們暗示的錯誤性，根據他的科學邏輯推理，實際上，太陽並不圍繞著地球公轉。

懷疑論者的興趣顯然不只如此，對我們在個人生活中陷入認知錯誤的現象，他們同樣著迷。我們的思想很難擺脫情緒，這些情緒還可能會對我們的想法產生決定性的影響。

我們可能以愉悅的心情開始新的一天，對生活充滿熱愛，但幾個小時後，即使外部的世界沒有任何變動，另一種情緒也可能占據主導，以致我們開始對周圍的所有事物進行重新評估。

疲倦，就是一個特別有力的煽動者，它能無聲無息地改變我們的判斷。尼采曾說：「當我們感到疲倦時，我們會被那些自認為早已征服過的想法所攻擊。」

欲望，同樣可以玩弄我們的判斷力，讓我們看到他人的友善和體貼，很可能僅僅是一副包裝過的外表而已。正如叔本華所言：「在交配後，立即可以聽到魔鬼的笑聲。」

承認我們的思想有很多缺陷，便構成了建立情感懷疑主義的基礎。古希臘懷疑論者，建議我們養成他們所謂的「中立」態度，與我們儒家的中庸思想如出一轍。我們不應急於作出判斷，要等自己的思想和情緒平穩下來，以便在不同的時間點對整個事件進行重新評估。

內在的情緒工廠

　　我們總是錯誤地認為這些問題來源於外部世界，很自然地，就會希望從外部世界來找到解決方式，但是往往無法得償所願。事實上，問題的關鍵在於我們的內在思想，我們不能透過外在方法，來根除自己內心空虛無助、焦慮不安的情緒。這種情況就好似我們受到了皮外傷，卻想要透過祈禱來獲得快速康復一樣。

　　情緒這個詞，在之前就已經出現過無數次，它們由生理上的各種信號組成，比如快速跳動的心臟、冒汗的手掌、肌肉的抽搐等，用英文詞彙「emotion」來解釋，可以理解為一種動態的能量，即「energy in motion」，構成了「e-motion」。

情緒每分每秒都縈繞在我們的身旁，但是在大部分情況下，我們並不會注意到。當我們審視自己的人生經歷時，不難發現，在對待自己的情緒上，我們有一種認知偏見。我們大腦總是傾向於認為他人才是罪魁禍首，才是造成我們生氣、不幸的根源，會本能地將責任推給他人。

　　但仔細思考一下，當你感到生氣沮喪時，到底發生了什麼事呢？只要稍微理性一點的人都能意識到，並沒有人將這些情緒強加於你。試想，當你產生負面情緒時，難道是他人走到了你的旁邊，用針筒將帶有「沮喪」的情緒注入你的大腦裡嗎？還是他們透過腦電波，將這些負面因素傳播給你？很顯然的，這一切都源於你的自身。

　　其實很多時候，你我都會不自覺地將自己置於受害者的位置，只有試著走出這種思維盲點，才能幫助你正確定位自己在情緒宇宙中的位置。連結之前的情緒維度，我們可以把大腦想像成一個情緒宇宙，維度上的每一種情緒，都是宇宙中的一個星球，除去已經標註的幾十種情緒星球，還有數不勝數的隱藏衛星伴隨著你。

　　比如到了週五，你進入了「愉悅星球」，這是一週辛苦工作的最後一天，你可以在下班後，好好的和同事或朋友去休閒放鬆一下，這時你的大腦也會充滿期待，情緒高漲，感到愉悅。

週六你進入了「社交星球」，因為昨天在 IG 發出的貼文得到了很多的讚，不少朋友來詢問你用餐的地點，你感到自己很受歡迎。

　　然而到了週日，形勢又急轉直下，你被「焦慮星球」吸入，想起自己週一要交的工作任務還紋絲不動，一週的緊張工作又要開始。很顯然的，當務之急是設法跳脫，然後進入「專注星球」，如果跳脫成功，那便意味著你掌控了自己的思想與情緒；如果跳脫「焦慮星球」失敗，則代表著你被自己的負面思維與情緒所掌控。

　　你的大腦就像是為宇宙運轉功能的一個工廠，每個情緒星球無時無刻不在運動。你在這些星球中走進走出，而將自己的情緒客體化，比如被看做是不同的星球，也能在很大程度上幫助你掌控自己的情緒。當你沮喪的時候，你會提醒自己：「噢！這時我到了『沮喪星球』，我應該轉機飛往『平靜星球』。」

　　這樣，你便能將自己「移居」到積極情緒更多的宜居星球區。當你的大腦告訴你：「是因為某某人的失誤，才導致我被罵，一切都是他的錯，氣死我了！」這時，你可以選擇不在「憤怒星球」留步，而是直接前往下一站。試著像現實中賺錢買房一樣，努力在有益自己的情緒星球定居下來，而不是讓生活強迫你留宿在你不願意待的情緒星球中。

PART 3

社交動物：孤獨的黑暗森林

- ◆ 社交大腦：情緒會傳染
- ◆ 孤獨，是你迫切渴望自我的跡象
- ◆ 人類如何在人海中尋覓真愛
- ◆ 培養親密關係：不要讓其成為生活中的重擔

社交大腦：情緒會傳染

　　亞里斯多德認為，人類生來就是社交動物，透過互相合作，從而在生物進化的長河中脫穎而出，持續發展。人為自己的社群而生活，同時，社群為人類的繁榮創造了必要的條件，沒有一個人能掙脫這個互相依賴的「枷鎖」。

　　我們想要成為夥伴，成為家中的一份子，想要與他們分享自己的生活與想法，想要傾訴生活中的細枝末節。正如荷蘭哲學家巴魯赫・史賓諾莎（Baruch de Spinoza）所言：「人在社交生活中所獲得的便利與快樂，要遠大於其所獲得的痛苦。」

　　自古以來，人類就對自己的社會性充滿著好奇心，大量的證據以及我們自己的大腦結構都顯示，人類的社會性行為，是經過漫長的物種進化而演變出來的。人類的大腦，尤其是大腦皮層，要比其他體型相似的靈長類和哺乳動物大得多。

　　這是一個特別有趣的證據，因為大腦皮層涉及了許多

高級的認知功能，比如有意識的思考、語言、情緒調節、行為，以及同理心與心智理論（theory of mind：即理解感知他人情緒與意圖的能力）。可以這麼說，我們人類在生理上就已經被造物主設計成了天生的社會性動物，因此，自然而然地就擁有了「社會大腦」。

近年來推陳出新的各類社交軟體，就能映射出人類最基礎且強烈的社交欲望。

雖然直至今日，人類進化出社會腦的原因仍尚無定論，但越來越多的研究顯示，當人類大腦的容量，尤其是皮層面積急劇增長時，有兩個過程起了非同一般的作用。一是社會性的一夫一妻制帶來的連結關係，二是父親對子女的照料，以及父親在子女成長過程中的參與。

這兩個過程為人類的發展提供了額外的防護，遏止了殺嬰、食嬰等行為的可能性。

簡而言之，做為捕食者以及保衛者的父親，如果他們與伴侶和子女相處的時間足夠長，那麼他們子女長大成人的機率自然也就會提高，同時也增加了女性與男性的生殖成功率。這正印證了達爾文進化論的關鍵理念，即「適者生存」。

這也是為什麼人類往往不會嫌棄至親的疾病或是缺陷的原因所在。做為社會性動物，這是刻在我們本能中的生

存基因。

2006 年，心理學家們招募了 13 個勇敢的母親，要求她們去聞兩個桶子，一個桶子裝著由她們自己的孩子所產生的髒尿布，另一個桶子裡則裝著其他孩子的髒尿布。

研究發現，即使這些母親不知道哪個桶子裡裝著的是自己孩子的尿布，但是從她們噁心的程度可以看出，她們仍然對自己孩子的尿布噁心的程度更低。

這個簡單的實驗就是一個鮮明的例子，顯示我們人類對噁心事物的反應是可以被改變的。從進化論的角度來說同樣合理，因為孩子產生的排泄物，很容易成為阻礙母親關懷孩子的因素。人類通常與自己的族群共用同樣的微生物群，對自己族群的噁心事物的感受程度較低的話，更利於族群發展。動物也是如此。

久而久之，嘗到甜頭的人類，自然會把這種合作的群體機制，從小家庭擴展到更大的社會群體，比如小群落、同性捕獵聯盟、育嬰聯盟……等。這種日益增大的群體，自然也對人類大腦的「功率」產生了更大的需求，從而導致了社會大腦的進一步發展，最終使我們擁有了現在如同精密儀器一般的「高級」社會腦。

社交大腦的進化，有著顯著的優勢。如今，人類已經武裝成了高度複雜的社交處理機器，使得我們可以參與各式複

雜的社交活動，並且能輕而易舉地遊刃於不同的個人以及社交群體的關係中。

我們「社交機器」上的「電路」，其連線的方式也是有目的性的，這種特殊的連線構造，使得我們能在社交互動中感受到「回饋」，從而在被團體接納時，我們的大腦會感受到快樂，而被拒絕時，大腦則會感受到痛苦。因此，進化似乎為我們提供了在日益擁擠的世界中生存下去的完美硬體。

任何事物都不只一面，社交能力的進化，不僅僅是為人類帶來收益而已，社交成本以及社交壓力，也都日益成為人們生活中常用的名詞。社交計算的需求不斷變得龐大與複雜，這便使得人類需要很長的時間，才能將大腦的社交功能發展完善。

相較於其他的哺乳動物，人類幼兒需要極長的時間去發育，且高度依賴成年人的保護與照料。人類父母不僅需要為自己的子女提供營養，直至他們大腦在生理上可以完全運作，同時還需要提供安全穩定的生活環境，使子女有機會理解和學習社交環境所需要的所有技能。

這個社交進化的過程，不僅僅局限於兒童時期，很多的社交技能，只能透過青春期與同伴的互動來習得。

依戀模式

在過去的半個世紀中，社會心理學以及發展心理學家們，透過對人類依戀模式的研究，開始揭示人類在社會性學習過程中的深層行為以及神經關聯性。依戀模式，在幼兒時期與其父母或是周圍照顧者的互動中形成。

簡單來說，如果幼兒周圍的人富有責任心，並且充滿關懷，那麼這個幼兒更易發展出「安全型依戀模式（secure attachment style）」，這些孩子在成長過程中更為好奇、積極，與陌生人的互動也較為良好。

如果照料孩子的人毫無責任心，經常忽視孩子的需求，在照料過程中沒有統一的方式，那麼幼兒就容易發展出「焦慮型依戀模式（anxious attachment style）」或是「迴避型依戀模式（avoidant attachment style）」，資料發現，大約40％的人屬於焦慮型或迴避型依戀模式。

不少研究認為，一旦在幼兒期形成特定的依戀模式，那麼在其之後的人生中，這個依戀模式會相當穩定，甚至可能會延續到下一代。因此，依戀模式會貫穿一個人的一生，影響著他學習技能和待人處事的方式。

在社交上，不論是焦慮型或是迴避型的依戀模式，很容

易會對外界的社交資訊反應過於激烈或者過於平淡。比如對常人來說，很值得快樂的積極事件，如工作成功、考試高分或是他人誇獎等，在迴避型依戀模式的人眼裡，就會顯得不值一提，他們大腦裡的快樂迴路，也不會像普通人那樣，在得到讚賞後心花怒放，很可能只會像出問題的電燈一樣，閃爍一下而已。

在社交上，他們也會顯得較為冷淡，彷彿時時刻刻處於防備狀態。如好友、伴侶間理所應當的擁抱、牽手、親吻等行為，或是他人表達的關懷，都會讓他們的大腦感到不適，從而產生迴避的行為。嚴重一點的，還有可能會在臨床上被診斷為「社交焦慮症」。

焦慮型依戀模式則容易過於敏感，他人一些不經意的細微行為，就會使得焦慮型依戀模式的人胡思亂想。比如兩個同事在談笑的時候，無意間看了自己一眼，那麼過於焦慮者就會擔心，同事是不是在取笑自己。

在兩性關係中也是如此，焦慮型依戀模式的人，由於內心深處擔憂被拒絕、拋棄的情緒，會顯得過於敏感，經常會使伴侶感到其占有欲過強，缺乏信任。

有一個很有趣的心理症狀，在一定程度上表現了迴避型與焦慮型人格的特質。回想一下，我們人生中都經歷過一些時刻，比如在考試或是重要的面試來臨時，你可能會懷疑

自己，會擔憂自己能力不夠、發揮不佳，這是一個正常的心理狀態。

然而有時候，這種自我懷疑的感覺卻會過於強烈，甚至會對自身造成負面影響。如果你是一個嚴重的自我懷疑者，那麼，你會為一些微不足道的小錯誤責備自己，會真的相信自己是一個一無是處的人，即使別人認為你很好，你也會認為他們只是被自己矇騙了而已。

冒名頂替症候群

正如前文所言，這種自我懷疑的行為，有一個學名，叫作「冒名現象」，或者是「冒名頂替症候群（imposter syndrome）」。

冒名頂替症候群，是在 1978 年被兩個臨床心理學家波林・克蘭斯（Pauline Clance）與蘇珊・因墨斯（Suzanne Imes）率先提出。他們在臨床治療期間驚訝地發現，在前來尋求治療的患者中，超過 150 名的女性存在這個問題，即使她們非常成功，但依舊表現出一種自己是騙子的罪惡感，認為自己的成功是一種錯誤或是運氣，而不是自己應得的。

這個現象讓兩位心理學家非常好奇，透過研究將其命名為「冒名頂替症候群」。到了 80 年代，他們進一步歸納了「冒名頂替症候群」的特點：一個受此困擾的人，會在自己做事的時候，陷入一種泥沼一般的迴圈，也可以稱為「冒名迴圈」。

　　在進行一項任務時，他們會變得非常焦慮緊張，這間接導致了辦事效率的降低，並且開始拖延，在最後關頭才臨時抱佛腳，匆忙完成任務，當任務結束後，他們會感到放鬆與愉悅。

　　當然，在這個階段看似一切都很正常。但是如果他們完成的任務，得到了積極的回饋，比如學生得到了好成績、員工獲得了老闆的嘉許或是升職加薪的許諾，那麼這時他們卻不會接受這些嘉獎。

　　他們會忽視自己可能的確很聰明或者很努力的事實，而堅持認為自己只是一個走狗屎運，或者靠著超大工作量來彌補自己愚蠢的人。他們認為自己配不上所獲得的成功，這種心理會衍生出更多的焦慮，並且形成惡性循環。

　　在一定的劑量下，「自我懷疑」是我們大腦保護自己的一種方式，比如在一次考試得高分後，輕度的自我懷疑，能讓我們為下一次再有良好的表現而保持努力學習的心態。但是當一個人懷疑過度時，我們可能會開始認為自己根本不配

做一個大學生或是公司職員等。

　　一份 2007 年的研究顯示，70％的大學生在人生中都會至少擁有一次「冒名頂替症候群」的感受。另一個文獻則記錄了約 500 名醫學生與其他醫學領域的專業人士，想要深入探究為什麼這些成功人士都會被「冒名頂替症候群」影響的經歷。

　　他們發現，出現嚴重自我懷疑的人，通常都是「適應不良的完美主義者（maladaptive perfectionism）」，這些人總是給自己設定不可能完成的目標，從而變得非常自責。相反的，對於「良性的完美主義者（adaptive perfectionism）」來說，較高的標準則可以成為積極的動力源泉。

　　可想而知，對於適應不良的完美主義者來說，他們很難接受自己達不到最初設定的高標準的事實。因此，會產生自己是一個欺詐者的想法，認為他人只是被自己的虛偽所蒙蔽了，漸漸地開始自我懷疑、自我瓦解和崩潰。

　　家庭也是產生「冒名頂替症候群」的一個重要來源，當你成長在一個成功時能得到很多鼓勵、搞砸時會得到嚴厲批評的家庭環境時，就更有可能出現「冒名頂替症候群」的症狀。

鏡像神經元：我們的行為是旁人的映射

　　毫無疑問，我們的感受時刻受到旁人的影響。然而，大部分的人並不知道，旁人對自己的影響有多麼強大。我們大腦的精密設計，不僅能讓我們應對繁雜的社交，同時也讓我們有能力去學習，以及模仿我們旁人的行為。

　　在我們的大腦中，就存在著鏡像神經元，儘管神經科學家們對其仍存不少爭議，但總的來說，當我們觀察他人的行為時，我們大腦中的相對應神經元，就會像燈泡一樣被啟動，被相關的儀器檢測到。與此同時，也促使我們去參與到相同的行為活動中。

　　最為典型並為人熟知的例子，便是當我們看到他人打哈欠、用手扶額，或是蹺起二郎腿時，我們的身體也會不由自主地對這些行為進行模仿。我們可能都聽說過「哈欠會傳染」的說法，鏡像神經元，就是這個現象的「罪魁禍首」。

　　社交行為在人類的諸多行為中處於主導地位。在這個過程中，我們的大腦會「偵查」他人的情緒狀態，然後在大腦裡映射或是模仿自己觀察到的資訊，進而影響我們自身的感受，這就是我們常說的「同理心（empathy）」。

　　由於每個人的同理心不同，我們自身情緒受他人所影響

的程度自然也會有所區別。比如在他人激動或是快樂時，我們也會不由自主的隨之欣喜；若他人悲傷落淚，我們也會產生陰鬱的心情。體育現場、劇院影院觀眾的情緒起伏，就是最好的例證。

情緒會傳染

我們每天都能觀察到無數的情緒，那麼思考一下，我們的大腦需要多少時間來處理接收到的情緒資訊呢？是不是需要先觀察對方，然後仔細看他的臉部表情，接著傳輸回大腦進行處理，最後才能做出準確的判斷呢？至少也需要 1 到 2 分鐘吧？

事實卻並非如此。2000 年，一個著名的心理學實驗得出了令人驚訝的結論。心理學家在實驗中向受測者們展示不同的表情圖片，比如憤怒或快樂的人臉照片，與此同時，監測受測者們的臉部表情，是否會由於觀察到的情緒而變化。

至此，看起來這個實驗與以往的心理學實驗並沒有什麼區別，但是研究者們改變了其中一個變數，即情緒圖片展示的時間——僅僅為 30 毫秒。

要知道，就在我們看這段文字時，每眨一次眼睛的時間都需要至少 100 毫秒。也就是說，在整個實驗過程中，受測者們根本無法意識到自己看到了什麼圖像，圖像裡的人是什麼性別、膚色，更別說細緻的表情了。

然而有趣的是，研究者們卻發現，儘管受測者們可能根本看不清不斷閃現的畫面，但當他們在無意識的情況下，看到被展示快樂或憤怒的人臉時，他們的臉部肌肉，明顯地出現了與被展示情緒相符的變化。例如被展示快樂的人臉時，與微笑相關的臉部肌肉，出現了明顯的活動，憤怒也是同理。

在 2014 年，心理學家們設計了另一個簡單有趣的實驗，他們發現觀察他人的生理感受，也會影響我們自身的體驗。在這個研究中，他們向受測者們展示了 3 分鐘的短片，影片的內容很簡單，是一隻手在裝滿溫水或是冰塊的水盆中浸泡的過程。

與此同時，溫度計會監測受測者們手的溫度。結果發現，當受測者看到影片中的手浸在冰冷的水中時，他們的手也會出現降溫的情況。這種同理心，就是當我們看到他人發抖、出汗或者是受傷時，彷彿自己也能感受到一定程度痛楚的原因。

由此可見，旁人經歷的情緒狀態，對我們自身的情緒有

多麼大的影響。那麼現在問問自己，在社交過程中，誰在影響著你的情緒？誰與你的交往最為頻繁？他每天最常見的情緒狀態是什麼？你會做什麼來減少那些負能量的人對你帶來的影響？

　　你怎麼才能讓自己處於一個舒適有益的社交環境，從而讓自己的社交大腦能夠「模仿」更健康的情緒呢？

「人在社交生活中所獲得的便利與快樂，要遠大於其所獲得的痛苦。」

——巴魯赫・史賓諾莎（Baruch Spinoza）

孤獨，是你迫切渴望自我的跡象

　　加拿大詩人露比・考爾（Rupi Kaur）在她的暢銷詩集《牛奶與蜂蜜》（Milk and Honey）寫道：「孤獨，是你迫切渴望自我的跡象（loneliness is a sign that you are in desperate need of yourself）。」

　　換言之，由於孤獨，你憧憬著他人的關注和陪伴，也正因為孤獨，你也極其需要自身的陪伴。

　　孤獨是沒有邊界的，它並不局限於特定的年齡、性別、社會地位、文化國籍。在現代社會，孤獨就像是一片烏雲，越來越大，但身在其中的人類，卻無法意識到它的可怕。孤獨不僅會給我們帶來低落的情緒，還會增加我們得到心臟病以及中風約 30％的機率。即使是被聯合國評為最快樂富足的國家——挪威，仍有至少 16％的人被孤獨所困擾。

　　如果在一個班級或者辦公室中，你只看到大家在學業或工作上表現良好，那麼你顯然不太可能意識到這個團體內部存在的孤獨問題。但是很多人一直埋頭工作，成為學業工作

上非常優秀的成就者，將孤獨感深深藏於內心深處。

　　如果你參加一個家庭聚會，與一個剛剛失去伴侶的年長親戚在一起，儘管他們可能真的很喜歡這次聚會，表現得很開心，但實際上，他們的內心也會有非常矛盾的感受。與親人好友共度時光，可以像燈塔一樣照出內心的孤獨，即使被愛我們的家人和朋友包圍著，我們也可能會感到孤獨。

　　我們在十萬人的演唱會上，被燥熱的音樂氣氛與舞動的人群環繞，卻仍然會感到孤寂，而且沒有一個人意識到你的孤獨。

　　孤獨的核心，便是我們總會感到悲傷。

　　孤獨的一大可怕之處在於，它可以成為你的摯友，你的避風港。我們可以將其披在身上，吸收我們的人格，進行自我催眠，「我就是這樣的人」，久而久之，我們開始相信，孤獨的自己才是真正的自己。

　　隨著時間的流逝，它反過來影響著我們的自尊心和自信心，使我們更加難以識別和回應我們內心深處的悲傷情緒。以這種方式生活，會緩慢關閉希望之門，並可能加劇我們對世界產生的不信任感。

　　在美劇《廣告狂人》（Mad Men）裡，一個廣告人寫了一段優美的文字，題為《擁有小型樂團的男人（The Man with the Miniature Orchestra）》：

「貝多芬9號交響曲中的片段,至今仍令柯伊傷心哭泣。他一直以為,這一切都是由於當時的作曲環境所致,他想像著貝多芬因聾啞而憂鬱,他心碎著,瘋狂地譜寫,而死神正在門外磨刀霍霍。但是柯伊想到,也許是因為居住在鄉野,他才如此悲傷,那份寂靜和孤單令他窒息,賦予了塵世間的一切,不能承受之美。」

社交隔離之痛

試想下面兩個場景:其一,你在喝咖啡的時候,不小心把剛泡好的咖啡打翻,被燙得哇哇大叫;其二,你看著前任的照片,回想著不久前分手的場景,你感到了另一種痛,即「心痛」。

從表面上來看,這兩個場景似乎有著明顯的不同,因為第一個場景是生理上實質性的傷害所帶來的疼痛,而後者卻是因為感情終結帶來的心理上的不適。試想一下,是不是所有的文化語言中,都會用「痛」來表示這兩種場景呢?

在 2003 年,一篇發表在期刊《科學》上的巧妙有趣的實驗設計,就揭示了這種痛苦。心理學家們招募了一些受測

者，讓他們與另外兩個「玩家」一起玩一個叫「電子球」的遊戲，所謂的「玩家」其實是電腦程式，而受測者卻毫不知情。「狡詐」的心理學家們，設計了一個令人信服的背景故事，使受測者相信，在另外的房間裡與自己玩遊戲的，是和自己一樣的人。

在實驗的第一個階段，受測者被告知，由於程式出了問題，無法和另外兩位玩家連線，因此，受測者只能做為旁觀者看他們玩球。

之後，受測者得以參與到遊戲中，然而，當受測者接到7次投球後，他就會被另外兩位「玩家」孤立出去，只得尷尬地看著他們兩個繼續互相快樂的投球（約45次）。在這個過程中，腦成像技術會監測受測者們的大腦反應。

結果發現，與疼痛和壓力相關的大腦區域——前扣帶皮層，在他們被社交孤立之後，出現了明顯的啟動；而另一個區域，負責調解疼痛與壓力的右側腹前額葉皮層，也出現了明顯的啟動。因為在被社交孤立之後，大腦司令部需要進行適當的反應，來減少我們的痛苦。

在 2011 年，心理學家們「很不人道」地招募了 40 個剛剛經歷分手的受測者，讓他們參與「社交拒絕實驗」和「疼痛實驗」。

「社交拒絕實驗」包含兩個部分，第一個部分叫作「前

任測試」，受測者觀看前任照片被子彈爆頭的畫面，然後回想自己被拒絕時的場景；第二部分則是「朋友測試」，受測者看到異性好友照片被子彈爆頭的畫面，並且回想自己與她度過的美好時光。

「疼痛實驗」也分為兩部分，第一部分先燙測試者，即受測者的左前臂會受到燙的刺激；第二部分再溫測試者，顧名思義，即在同一個位置，受測者會受到溫暖的刺激。

結果顯示，生理疼痛與社交疼痛所啟動的大腦區域是相重疊的，換句話說，被社交孤立或者是拒絕帶來的痛苦，與我們生理上所承受的痛苦，幾乎是一致的。

不喜歡社交，說不定是因為比較聰明

我們經常會將不喜歡或不善社交與孤獨聯想在一起，比如有時候我們會認為，身邊特別聰明的都是孤僻的人，因為他們讓我們感到傲慢自大、無所不知；或者也有另一種可能，就是他們的社交能力較差，像是 CBS 的情境喜劇《宅男行不行》（The Big Bang Theory）裡頭的謝爾頓那樣。

然而事實卻可能與我們想的不一樣。

在研究分析了包含 15000 人樣本的廣泛性調查後，得出了兩個有趣的結論：

1. 當一個人生活在人口密度高的地方時，他的快樂程度與人口密度成反比，如最簡單、粗暴地感受一下尖峰時間的市中心交通。

2. 一個人的社交越多，這個人就越快樂。

但是研究者還發現了一個令人驚訝的特例，即這兩個規則並不適用於聰明的人群。心理學家們分析資料後發現，如果在人口密集的地方生活，並且不需要無謂的社交的話，聰明的人反而會生活得更為開心。

另外，一個人如果越聰明，上面的這兩個規則對他的影響就越小。換句話說，在避免了那些所謂的「社交」（比如與他人進行無謂的客套對話）後，這些聰明的人會更為快樂，也就是說，聰明的人可能在獨處的時候更為開心。

研究資料顯示，人口密度對低 IQ 的人的影響，是其對高 IQ 人的影響的兩倍，而高智商的人對社交的需求，也與普通人或者低 IQ 的人不同。

因此，當他們需要與他人頻繁地社交的話，他們的生活滿意度反而會下降，即使是對他們的朋友也不例外，也就是說，高智商的人在與朋友交往中花的時間越多，他們的快樂程度就會越低。

看到這裡，可能讀者們會有些疑惑，之前明明說孤獨不好，這時又說不喜歡社交才是聰明的表現，這不是自相矛盾嗎？其實，有一個顯而易見的原因，聰明的人更少社交，是因為他們能將注意力長期集中在他自己感興趣的事物上，就像《宅男行不行》中的謝爾頓，對各種理論的沉迷一樣。

回想一下，自己所認識的聰明人或者有成就的人，比如一個潛心寫作的作家，或是專注於治療患者的醫師等，如果煩瑣的無謂的社交，妨礙了他們去做對自己來說真正重要的事的話，那麼他們生活的滿意度自然就下降了。

另外，不喜歡社交不代表就喜歡孤獨，就連書呆子，也需要一個真正懂自己的朋友來溝通與交流，如俞伯牙與鍾子期一般。他們需要的不是孤獨，而是有效的社交。

在石器時代，我們的祖先通常以百人的小聚落為單位生存，在這種條件下，社交大多圍繞著更多的盟友和食物展開，因此能帶來更好的生存條件與後代。

到了現代，科技飛速進步，我們有了網路、電視、電話，但是人類的進化卻跟不上社會發展，還保留著上古時期的「大腦」，即更多的社交意味著更好的生存條件。聰明的人很可能更早進化出了新的應對方法，他們能更佳利用自己的能力，去應對日益更新的問題與場景。

但是這個研究也並不是金科玉律，正如科學界的那一句

經典名言：「相關不等於因果。」即聰明的人可能更喜歡獨處，而不是沒有朋友，喜歡獨處的人也不一定就是聰明。

在這裡，引用前美國第一夫人愛蓮娜‧羅斯福（Anna Eleanor Roosevelt）的一句名言：「上智論道，中智論事，下智論人。」

走出孤獨森林

改變的起點，在於認識並且接受自己存在的問題。僅僅是簡單地嘗試與他人交談，也能產生非常意想不到的積極效果，這個過程會將我們的注意力引向問題的核心。訓練自己的注意力、傾聽的能力以及回應的能力，則是走出孤獨森林的指南針。

比如我們在社交的過程中，可能會被拒絕或者被排斥，並對此感到非常痛苦，但實際上，這些都是非常有意義的情緒資訊。我們的內部情緒系統，會讓你意識到自己的不適，這時我們便需要傾聽自己的思緒，評估與思考自己能做些什麼，來改變這個困局。

我們需要相信，外面的世界會接受我們，並且是一個溫

暖安全的世界。我們的大腦開始考慮有什麼可行的選擇，並且嘗試鼓起勇氣，因為我們的感受是完全正常的，我們需要主動為自己創造一個新的世界。

如果發現他人可能被孤立或者被孤獨所困擾，我們總會有進行溫和詢問的機會。儘管有時候我們不想在接近他人的時候感到尷尬，或者過度暴露自己的脆弱，但是簡單地面帶微笑，也足以播下希望的種子。我們開始創造以善意、關懷為基礎的對話可能性，在這種對話中，雙方都能敞開心扉，傾訴自己的真實感受。

有時孤獨是一劑良藥，如中國詩人汪國真就在《孤獨》中寫道：

追求需要思索，思索需要孤獨，

有時，淒慘的身影，

便是一種蓬勃，

而不是乾枯，

兩個人，

也可以是痛苦，

一個人，

也可以是幸福，

當你從寂寞中走來，

道路便在你眼前展開。

但是，人類的生物核心，決定了社交是生而為人必不可少的要素。無論何時，只要觀察並且意識到問題，我們就有選擇改變的餘地。孤獨總是在我們沒有意識到的時候到來，而我們的生命，並不是為了迎接孤獨而存在。

「孤獨，是你迫切渴望自我的跡象。」

——露比・考爾（Rupi Kaur）《牛奶與蜂蜜》

人類如何在人海中尋覓真愛

　　林語堂說過這麼一段話：「『孤獨』兩個字拆開，有孩童、有瓜果、有小犬、有蚊蠅，足以撐起一個盛夏傍晚的巷子口，人情味十足。稚兒擎瓜柳蓬下，細犬逐蝶深巷中。人間繁華多笑語，唯我空餘兩鬢風。孩童水果貓狗飛蠅當然熱鬧，可都與你無關，這就叫孤獨。」

　　大多數人的一生，至少有一段時間，無論是有意識還是無意識，都在尋覓自己的另一半。但是，我們是如何進行選擇的呢？在漫長的人生中，我們會結識數百上千人，是什麼因素使兩個人從弱水三千中獨取一瓢飲？長期以來，心理學家們一直試圖回答這個問題，並在一定程度上取得了相對應的成果。

尋覓親密關係

心理學經典書籍《社會心理學》中寫道：「各地的文化都更重視女性而非男性的性行為，正如賣淫與求愛過程中所表現出來的性別不對稱。男人一般提供金錢、禮物、讚美和許諾，含蓄地換取女性的性順從。他們注意到，在人類的性經濟中，女性很少為性買單。就像工會反對『不罷工的工人』一樣，他們認為這種人會損害他們自身的勞動價值。大多數女性都會反對其他女人提供『廉價的性』，因為這會降低她們自身性行為的價值。」

儘管男性把女性的微笑解釋為性愛信號的行為，常常被證明是錯誤的，但是萬一猜對了，就能獲得繁殖的機會。男性會炫耀腹肌、名車和財產，女性可能會去隆乳、拉皮、抽脂，以滿足男性所嚮往的年輕、健康的外表。

女性坐在簡陋的福特汽車或者豪華的賓利汽車裡，男性覺得她的吸引力差別不大；但是女性會覺得坐在賓利汽車裡的男性更具吸引力，男性的成就最終會變成求愛的本錢。

兩個主要的理論，引領了對於這個問題的思考：

首先，自然是進化論，透過對對方的行為傾向、身體外貌特徵以及性格特徵分析，篩選出我們所青睞的人。正如

德國哲學家弗里德里希・恩格斯（Friedrich Engels）所言：
「人與人之間的，特別是兩性之間的感情關係，是自從有人類以來就存在的。」

那麼，為什麼我們更喜歡有吸引力（長得好看、身材好或者成熟）的人呢？他們為什麼會比別人更有吸引力？從進化的角度來看很好解釋，我們傾向於選擇具有這些特徵的人做為配偶或者伴侶，是因為這些特徵顯示，他們具有很好的健康及生殖能力，能為後代提供良好的保障。

心理學家們提出了一個理論，即人們傾向於選擇與大眾平均值接近（比如與大眾審美接近的相貌、身材）的人做為配偶，是因為這樣的人更易擁有正常的基因，而非變異基因。對於女性來說更是如此，她們更傾向於尋求有保障的雄性做為配偶，所以具有這些特徵的雄性會更受青睞。

在古代，這樣的表現為體魄強健，而現在，這一特徵則漸漸被經濟能力所取代，因為在現代社會中，經濟實力才是生存下去的切實保障。

那麼對男性同胞而言呢？他們永遠都愛年輕漂亮的女性，互古不變。在 1997 年，著名的神經科學家維萊亞努爾・拉馬錢德蘭（Vilayanur Ramachandran）研究了「為什麼男人都喜歡金髮女郎」，結果發現，淡色皮膚的金髮女郎，更能直接地表現出她們的健康、年齡及荷爾蒙狀態。

那麼為什麼男人不僅喜歡漂亮的，還要年輕的、身材豐滿的女性呢？難道他們就那麼膚淺，只注重外表嗎？答案很簡單，年輕、漂亮、豐滿的女性，直接表現了她們已經性成熟，並且具有健康的生殖能力，更符合雄性繁殖後代的生物本能。

　　另外，我們的荷爾蒙也不時改變我們的審美觀。更加男性化的生理特徵，如成熟、穩重、健康、身材好等更能吸引女性，因為這些特徵代表著良好的基因和能力。而更女性化的特徵會讓女性更有魅力，因為這代表了良好的生育能力。

　　研究發現，男性永遠是那麼「膚淺」，無論是西方還是東方男性，都更傾向選擇女性特徵強（如身材豐滿）的女性。然而令人吃驚的是，不管是男人還是女人，都喜歡更具女性特徵的男人，因此，「韓版花美男」的流行，也是有其科學依據的。

　　另外，女性在生理期和非生理期的時候，對伴侶的需求也不同，對長期伴侶和短期伴侶的需求也不同。

　　比如女性更傾向選擇更具女性特徵的男性做長期伴侶，選擇更具男性特徵的男性做短期伴侶。因為前者往往較為溫柔體貼，適合做為長期伴侶，為撫養後代提供安定的保障；而後者則更有雄性荷爾蒙的吸引力，自然容易吸引到短期伴侶。

社會角色的變遷

由美國心理學家愛麗絲・伊格利（Alice Eagly）提出的「社會角色理論（Social Role Theory）」，則從另一個角度闡釋了兩性的親密關係。她認為，是社會選擇而非生物選擇的過程，決定了我們對伴侶的選擇。

根據這個理論，我們的擇偶標準，是由男女在社會中所扮演的角色所決定的，因此，我們在尋找伴侶時的偏好，就會隨著社會角色需求的變化而變化。就像《社會心理學》中的引文所說，在狩獵時代，女性由於生理上的弱勢，就會選擇魁梧健壯的雄性做為伴侶；而在現代社會，由於性別在一定程度上限制了女性獲得金錢和權力的能力，那麼很自然地，她們便會更傾向於被擁有金錢和權力的人所吸引。

假如明天突然社會大反轉，大多數的高薪、有權勢的職位，都改由女性所掌控，那麼男性的個人財富與社會地位，對女性的吸引力就會急劇減弱；反之，男性的青春、體魄與耐力，在擇偶標準所占的比重則會大大提升。

所以，有的時候並非當今的女性變得物質了，而是這個社會對兩性的角色需求，帶來了擇偶選擇上的變化，單純地批判女性物質，就顯得很膚淺了。

近半個世紀的相關研究顯示，兩性在尋覓親密關係的過程中，出現了根本性的變化。最鮮明的例子，就是由於戰爭以及經濟的發展，僅靠男性一方的工資，難以維繫舒適的生活水準，因此女性逐漸走出了相夫教子的禁錮，開始工作並賺取收入，從而帶來了社會地位的變遷。

因此，目前無論是男性還是女性，都會更加重視對方的經濟以及社會地位，因為這會直接影響到自己未來的生活舒適度以及滿意度。同時，由於科技的發展，將女性從家務勞動，比如洗衣、做飯、打掃中解脫出來，而這些能力，卻是數十年前男性擇偶必須考量的重要標準之一。

吸引力定律

◆ 接觸與熟悉

日久生情，可以算是兩性關係中的至理名言，因為我們會對身邊經常接觸的人，本能地產生好感。相處的時間越長，喜歡、接受甚至愛上對方的機率也就越大，這也是為什麼很多美妙的戀情，總是在校園或者職場中綻放的原因。

隨著時間的流逝，每天的接觸會將兩個毫不相關的人變為摯友，甚至是愛人。

◆ 生理上的吸引力

　　外在美雖然膚淺，但是在兩性交往的過程中，卻有著不可撼動的意義。因為幾乎沒有哪個人能跟一個讓自己生理上排斥的人共度餘生。在一定程度上，這種吸引力也符合市場規律：最好的商品價格總是最高。

　　因此大部分買主不一定會得到他們想要的東西，而是得到買得起的東西。最終，富人駕駛保時捷，中產駕駛著豐田，而普通人則坐著公車或捷運。

　　在吸引力上也是相似，美麗的人更容易與同樣美麗或富足的人在一起，因此變得更為美貌；而平凡外貌的人，則會跟平凡外貌的人結合。

◆ 個性與人品

　　心理學對於人格因素的研究，明確了其中兩個對兩性擇偶最具影響的特質，即能力（competence）及溫和（warmth）。顧名思義，有能力的人，通常也具有相對應的才華以及社交技巧，再加上溫和的性格，變成了擇偶競爭中的最佳搭檔。

◆ 接近

大多數人都會選擇與自己身邊的人結婚共度餘生，雙方的距離往往在步行或者駕車可及的範圍之內，正因為如此，異地戀才顯得異常艱辛，雙方需要付出極大的努力，才能維繫情感的關係，並且有極大的機率告吹。

正如以色列詩人耶胡達·阿米亥（Yehuda Amichai）所寫：「給愛的忠告：不要愛上身處遠方的人，在自己的身邊尋覓，正如建造一座良好的棲身之所，需要利用周圍的石材一樣。」

◆ 相似性

毫無疑問，相似性是心理領域最為有力的發現之一，人類會很自然地被與自己相似的人所吸引。比如教育水準高的，更傾向於與同水準的人交流，外向的人更容易與同樣外向的人打成一片。

正如海洋與水才能結合，而不是和沙灘。喜歡或是愛上與自己相似的人，就像是天作之合，因為他很優秀，他與我很相似，那麼我也很棒，這種感覺自然會很美妙。

魚與熊掌間的抉擇

　　法國作家歐諾黑·巴爾扎克（Honoré Balzac）曾說：「有些倫理學家認為，除了母愛之外，兩性的愛是最不由自主、最沒有利害觀念、最沒有心計的，這個見解真是荒謬絕倫。即使大部分的人不知道愛情怎麼發生，但是一切生理上和精神上的好感，仍然從頭腦、感情或是本能的計算出發的。男女之愛主要是一種自私的感情，而自私就是斤斤計較的計算。」

　　那麼問題來了，魚和熊掌往往不能兼得，如果一個人擁有健康美貌，但是經濟實力不佳，另一方則相反，試問，人們會如何做出選擇呢？

　　心理學家們自然不會放過這個有趣的研究課題。2005年，他們分析了來自 37 個國家、超過 9000 個男女的問卷，確定了四個普遍的擇偶標準，來探索人類在擇偶上的傾向性。

◆ 愛 VS 社會地位、資源

　　在選擇對象時，我們經常會進行內心的抉擇，當真愛與經濟保障以及社會地位不能兩全時，我們會選擇哪一方呢？在愛情劇劇情中誠不我欺，當真愛足夠強大時，我們會選擇犧牲經濟水準或者社會地位，與真愛浪跡天涯；而當對方的社會地位或經濟條件高到一定程度時，我們則會在情感上進行一定程度的妥協。

◆ 可靠、穩定 VS 好看的外貌、健康

　　就像上文中提到的真愛一樣，當一個人好看到一定程度時，我們會選擇妥協感情的穩定性，追隨他到天涯海角；反之，如果對方是個非常可靠、值得託付的「好人」，那麼我們也可能犧牲自己對顏值的要求，向生活妥協。

◆ 教育、智力 VS 對家庭、孩子的渴望

　　當教育與家庭出現衝突時，我們通常會對追求更高教育的對象比較寬容；相反的，如果對方是非常好的家庭「煮」夫或賢妻良母，那麼，我們也會降低對對方學歷或者工作能力的要求。

◆ 社交能力 VS 信仰

在有些文化中，信仰的因素至關重要，因此，相同的信仰會帶來極大的吸引力，即使對方的社交能力一般，也會被信仰所彌補。同樣的，如果一方充滿社交魅力，即彼此具有不同的信仰背景，也能引起對方的青睞。

在以上四個舉世通用的擇偶標準中，前三個標準有著明顯的性別差異。總的來說，相較於愛情，女性更注重於社會地位以及經濟條件；同樣的，她們也更傾向於選擇情感的穩定以及高智商，而不是帥氣的外表和高水準的育兒能力。

對於男性而言，他們永遠喜愛年輕、美麗、健康，並且對孩子充滿愛的女性。

另外研究中還發現，女性在擇偶上有著更多的條件以及要求，其中一個主要的原因，就是女性的試錯成本更大，一旦選擇錯了對象就很難脫身。就像加拿大詩人瑪格麗特‧阿特伍德（Margaret Atwood）所說：「男人害怕會被女人嘲笑，而女人害怕會被男人殺掉。」

而且女性還是撫養後代的主要責任人，因此更需要在擇偶上進行仔細的篩選。

然而有趣的是，儘管種種擇偶標準，能為我們篩選出

潛在的「候選人們」，但是最終一錘定音的，還是我們的內心。這就好像是那些生理與社會上的標準，引導我們進入了合適的「人才」商店，雖然符合我們的預算、口味，但是這些標準卻無法確定我們最終會選擇哪樣具體的「商品」。

　　最終的決策還是源於內心，這個過程甚至可以是無意識的、怪誕的，正所謂「愛是沒有理由的」。

「男人害怕會被女人嘲笑，而女人害怕會被男人殺掉。」

——瑪格麗特·阿特伍德（Margaret Atwood）

培養親密關係：不要讓其成為生活中的重擔

　　很多時候，當丘比特之箭來臨時，一切決定都顯得那麼衝動與美好，相識、相知到情定終身，甚至可以在幾天內就完成。然而，當一切塵埃落定，熱情趨於平淡，大部分人在清醒後喊出的第一句話往往是：「我當時到底在想什麼！」

　　如雨果所言：「對於愛情，年是什麼？既是分鐘，又是世紀。說它是分鐘，是因為在愛情的甜蜜之中，它像閃電一般瞬息即逝；說它是世紀，是因為它在我們身上，建築生命之後幸福的永生。」

　　雨果必定不曾想到現代愛情的轉瞬即逝，50％的婚姻都走向了失敗。一步錯，則會帶來餘生痛苦與禁錮。為什麼？因為大部分人並不知道如何去經營真正的親密關係，我們可能知道健康的親密關係應該是什麼樣的，但是卻不知道如何去得到及維繫這種關係。

親密關係之重

　　親密、安全感、尊重、良好的溝通、被重視的感受，是一段健康的親密關係裡不可或缺的因素。而不健康的親密關係，則包含輕視、斥責、暴力、敵意，或是得不到應有的關心和支持等。當這些問題在親密關係中出現時，往往意味著感情或是婚姻的終結，同時，也帶來了無數的負面情緒。由此可見，培養一個健康的親密關係是如此的重要。

　　心理諮詢中便有一種專門的治療方式，叫作「婚姻或伴侶治療（couple therapy）」，然而當很多人開始意識到需要婚姻治療時，往往都為時已晚。雙方在長期的爭執相處中，已經產生了太多根深蒂固的思維模式以及頑疾，這些都是難以改變的。

　　因此，進行相關的婚前教育以及試錯，就顯得極為重要。然而可惜的是，在如今的社會中，大部分人就像是商品一樣，從校園出廠步入社會的同時，彷彿就需要立即找到另一件「商品」，組成所謂的家庭，根本沒有時間試錯。婚前是進行親密關係學習的黃金期，這時雙方正在熱戀之中，情緒積極，有試錯的時間與空間。

　　不過在一定程度上，這時已經有點晚了，因為無論是我

們自己或是家人，此時已經為我們選擇好了「另一半」，可能是迫於外界的壓力而「湊合」，一不留神，一覺醒來已經進入了柴、米、油、鹽、醬、醋、茶的機械化生活。如此隨意的選擇，不難預見到婚後痛苦的親密關係。

在這個相親、選擇、結合的過程中，大部分人根本無法真正瞭解自己所選擇的對象，也許到婚後才會意識到，這個人與自己的生活習慣、價值觀念差距如此之大。

培養健康的親密關係

心理學家們結合大量的研究，總結出了幾個擁有健康親密關係的重要能力。

◆ 洞察力

第一個技能是洞察力。有了洞察力，我們就能更瞭解自己到底是誰、需要什麼，為什麼要做某些事的深層原因。比如我們可能會意識到自己的疲憊與焦躁，並不是因為伴侶惹自己生氣，而是由於工作任務帶來的巨大壓力，讓我們將其轉嫁到了無辜的伴侶身上。

洞察力可以使我們學會認識問題的根本所在，不讓其滲入自己的情感關係；同時，洞察力也能讓我們更理解自己的伴侶，比如他習慣遲到，那麼當他約會遲到時，並非不重視這段感情，只是由於性格如此而已。

再如，假使我們是一個占有欲極強的人，那麼我們需要的，就是一個能接受我們強烈占有欲，願意犧牲自己社交生活的對象。

◆ 相互關係

第二個技能則是**相互關係**，即學會瞭解彼此想要什麼，懂得對方的需求與自己的需求同樣重要。比如我們需要參加一個聚會，同時又很希望自己的伴侶能陪伴我們一起去。

通常在這種情況下，大部分的人都會直截了當地提出要求：「這個聚會讓我覺得很無聊，你陪我一起去吧！」看似理所應當，但在這個過程中，我們忽視了對方的真實需求，他是否有時間？是否願意去充滿陌生人的聚會？

如果懂得相互關係的話，我們就會事先考慮聚會當天伴侶是否有事，他是否喜歡認識陌生人、喜歡聚會。要知道，充滿陌生感的聚會對於很多人來說，都是一場噩夢。

◆ 情緒控制

　　第三個技能是情緒控制。這個內容貫穿全書，即學會認識並且控制自己在感情中出現的各種情緒。憤怒時脫口而出的話，往往是對親密關係最具殺傷力的，學會控制自己的情緒，能讓兩性關係中發生的摩擦，處於平和客觀的視角之下。

　　當我們遇到「這簡直不可理喻，我該怎麼去挽回」的情緒時，如果能合理地控制情緒，便能用另一種角度看問題：「我需要靜下心來，好好分析一下問題出在哪，我可以如何解決這個矛盾。」

　　情緒控制能使我們不被衝動的情緒所主導，比如當對象沒回我們的資訊時，我們可能會產生焦慮與不安的情緒，可能會每幾秒就查看一下手機，無法正常進行工作。而控制這種情緒，能讓我們平靜下來，學會耐心等待，學會間接地給對方合理的私人空間。

　　親密關係中最為常見的例子，就是女方渴望獲得某些事物或者關心，比如生日快要來了，她非常想要得到某個生日禮物，但當男友詢問時，她卻說：「沒有，我什麼都不要。」結果生日當天，「驚喜」自然沒有來臨，等到的只是一場爭吵。

如果我們回到過去，洞察力能讓她瞭解到男友也是一個獨立的個體，並非自己肚子裡的蛔蟲，而相互關係則能讓她對男友說出自己的期望，同時也能讓她明白男友想要得到什麼回饋，雙方都會感到被需要與尊重。最後，情緒控制能讓她合理地控制住自己的負面情緒，反思爭端的原因。

　　一個對處於青春期的女生進行的有趣研究發現，那些更浪漫的女生，在情感中的安全感也更高，同時，她們在與他人親密交往時，顯得更為自然舒適，因為她們信任他人，並且不擔心被拒絕。

　　自然而然的，這種天真爛漫的性格，讓這些女生更不易受到憂鬱等負面情緒的侵襲，因為她們對生活以及未來的態度，更為積極樂觀。另外，浪漫使得她們在兩性關係中更如魚得水，比如交往約會、擁抱親吻。

　　對於成年人也是如此，浪漫的人在親密關係中更不容易出現倦怠，使得雙方都有安全感，並且在交往時做出更好的決策，更為快樂。

自欺欺人的大腦

在親密關係中，自欺欺人極其常見，因為愛情像是心中的暴君，會使人失去判斷力與理智，不聽他人的勸告，徑直向著癡狂的方向奔去。

我們的親朋好友或者我們自己，總會聽到一種抱怨：「我們條件也不差，為什麼總是遇不到合適的人呢？即使遇到，為什麼也總是渣男渣女？」在尋找長期伴侶的過程中，人們總是異常掙扎，不停地試錯，但似乎有一個怪圈在不斷迴圈。

比如有的人明明厭惡某種類型的伴侶，時刻宣告著：「我不會跟這種人約會的，我之前已經受過教訓了！」然而事實上，他們總會進入這一類人的陷阱中，自己也無法解釋其中緣由。

之後，即使我們身邊做為旁觀者的親友，早就看清了我們與伴侶並不合適，但我們卻開始變得極具防禦性，拒絕接受真相，甚至開始攻擊對自己好言相勸的親友，比如「你就是不願意讓我過得開心？」、「你根本不瞭解他，跟我在一起時他並不是這樣！」……，畢竟，愛情能使所有人變成雄辯家。

可想而知，這種自我麻痺註定走向歧途，即使我們已經意識到這段感情的不健康，但由於「沉沒成本」效應，或是不願意接受自己的感情再一次失敗，大部分的人往往會咬牙繼續堅持下去。

　　我們的大腦，尤其是控制我們快樂與成癮的大腦區域，在很大程度上需要負起這個責任。當我們處於熱戀中時，大腦的啟動就像是我們沉醉於酒精或是毒品中一樣，我們會失去判斷力，並且永遠不會滿足對愛的渴求。

　　我們大腦中控制理性情緒的前額葉，會竭盡全力制止我們各種衝動的抉擇，「停下來好好思考一下，對方是不是真的適合你！」前額葉呼喊著，但是卻毫無作用，因為我們已經對新歡上癮。

　　「想一想你之前的經歷，這次跟之前那段失敗的感情如出一轍！」前額葉做著最後的掙扎，然而我們卻開始自欺欺人：「這次會不一樣的，我相信我這次不會看走眼。」當我們處於熱戀中時，任何的快樂都會被放大，對於其他人的勸誡，則變成了「對牛彈琴」。

　　但是在親密關係中，我們周圍的親友才是真正的評估標準，因為他們是整個過程的旁觀者，比起處於熱戀中「智商下降」的我們要理智很多。摯友與家人不會欺騙我們，也沒有任何理由讓我們傷心，因此，試著記住這一點，在下一次

嶄新的感情到來時，讓自己的感性大腦去享受快樂，同時，請親友做我們真正的理性大腦。當他們認為這段感情需要停止時，不要猶豫，立刻離開這種親密關係的泥沼，不然定會越陷越深。

「源自內心想做的事情，有時候是沒有任何原因，無法理解的。」

——布萊茲・帕斯卡（Blaise Pascal）

PART 4
如何避開情緒的心理陷阱

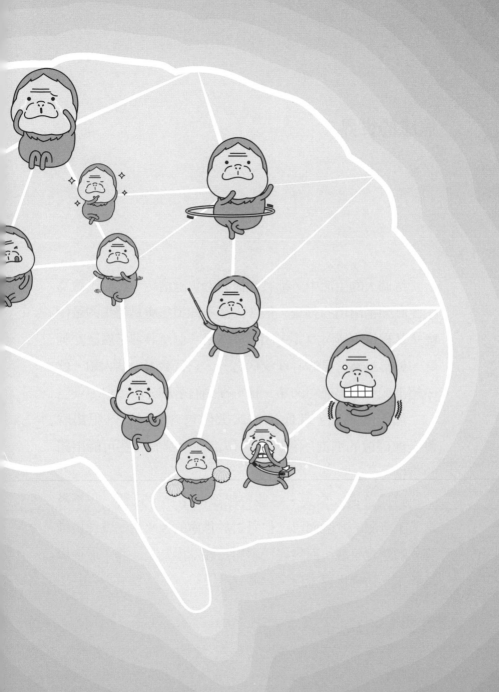

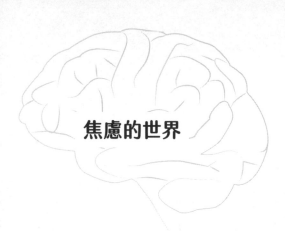

焦慮的世界

　　每個人的生活中，都曾經擁有過焦慮情緒。然而，做為如此高頻率出現的詞彙，很多人卻不知道焦慮具體指的是什麼？其實這也無可厚非，因為焦慮是一個意義非常廣泛的詞彙。做為最為常見的心理疾病之一，它代表著一個大類，就像超市或菜市場裡的肉類一樣，裡頭有著細分的項目。

　　焦慮的感覺，就像是被無數個包含著只要一犯錯就會全部破散的泡泡所包圍，每個泡泡裡都有一些可能出錯的事物。

　　對於普通人來說，這些會出錯的事物，只是一些不尋常、不舒服的感受而已。但是對於焦慮的人來說，就像是推著一顆球走下坡，而自己已經與這顆球融為了一體，最後撞為碎末，彷彿世界末日。

分辨正常和非正常的焦慮

簡單來說，焦慮是人處於警戒狀態時的一種感受，當遇到令人害怕的事物時，我們會心跳加速或者選擇逃避，同時身體會告訴我們，需要準備應對潛在的危險，這都是正常的反應，因為這是刻在我們生物本能裡的「對抗或者逃跑」機制，而那些遇到害怕的事物卻不逃跑的祖先，早就已經消失得無影無蹤了。

我們每個人從小到大都會經歷緊張或壓力大的事件，比如考試、工作面試、演講、表演⋯⋯等，這些都會引起我們的焦慮情緒，我們會心跳加速、出汗，甚至是難以入睡，但是這些也都是正常的情況，通常在事情過去之後，我們的身體機能就會緩和過來，恢復常態。

但是當我們的身體過度警戒時，就可能發展成某種疾病，比如有人因為太害怕蜘蛛，任何有可能出現蜘蛛的場所，如老舊的教室、倉庫、公園等，都會使他呼吸急促，心跳加速。當真的蜘蛛出現時，他會尖叫或者失去行動能力，甚至暈厥。因此他開始躲避一切潛在危險，甚至不去上課或者上班，那麼這種焦慮就可以歸為心理疾病範疇裡的焦慮症了。

這種臨床上的焦慮，給我們帶來了身心上的不適、擔憂以及恐懼，影響了我們的正常生活，這時我們的身體就不能關閉警戒開關，使得我們身體和精神過度消耗。其實，每個人的內心裡都住著一個小孩，都有著自己的弱點，他可能有黑暗恐懼症、恐高症，或者害怕特定的生物，如蜘蛛或是蛇，也可能害怕醫師、護理師。

　　又或許他不害怕事物，卻害怕某些場景，諸如飛行、密閉空間、廣場……等，這些都是焦慮的一個分支，叫作「驚恐障礙症」或「特定恐懼症」，嚴重時會突然無緣無故地緊張、出汗、身體不適、頭暈目眩、呼吸困難等。

　　焦慮症中較大的一個分支，叫作「廣泛性焦慮」，顧名思義，就是一個人擔憂的事情過多，擔心自己學習、擔心自己或者家人的健康、擔心未來的工作發展等，導致自己的注意力和精神都耗費在這些外人看來杞人憂天的事情上，以致身心俱疲。

　　有時焦慮就像是身體的警鐘，令人無法忽視它的存在。我們會出現睡眠障礙或食欲等問題，以及難以集中注意力；我們也可能感到頭痛、腸胃不適，甚至還會出現驚恐發作，如心跳加快、頭暈等。

焦慮是由什麼引起的？

　　目前雖然很難有確切的定論來說明焦慮到底是由什麼引起的，但研究已經確認了不少因素，能增加其發生的機率。

　　我們兒時那些造成明顯身心創傷的個人經歷，在心智未完全發育的年幼時期所遭遇的創傷，往往會對之後的人生產生巨大的影響。這些經歷包含：

1. 生理或是心理上的虐待。
2. 被忽視、冷暴力。
3. 失去至親或身邊重要的親友。
4. 被霸凌或是社交孤立。

　　正因為如此，原生家庭的概念才會成為高頻率的名詞，即使是成年後，很多人也難以擺脫原生家庭帶來的心理陰影。心理學中有一個非常經典的生物實驗，非常生動地解釋了父母在幼兒發展過程中的重要作用。

　　他們將兩隻剛出生的小猴子關在籠子裡，一個籠子內有與母親相似的皮毛墊子，用之來模擬母親在身邊的交互感，而另一個籠子卻只有冷冰冰的鐵絲網。

　　在一段時間之後，在有皮毛墊子的籠子裡成長的小猴子，跟正常在猴群中生長的小猴子沒什麼區別，活潑好

動；而在冰冷鐵籠裡成長的小猴子，卻變得畏縮、呆滯、性格暴躁。

數不盡的研究都已經證明，孩子們的童年經歷，對他們的成長發展有著重要的作用。如果一個人童年遭遇過虐待、家暴、父母的排斥或冷落，或者是被同伴所排擠，甚至是被性侵，都會嚴重影響到其未來的成長發育。

這些較為悲慘的童年經歷，會導致兒童在成年後產生更多的偏激行為，以及更高的犯罪傾向。正因為如此，那些所謂為了孩子的健康成長，「打你是為了你好」的觀念，其實是我們需要摒棄的。

除去兒時的經歷，另一個造成焦慮的主要因素，就是我們當下的生活狀態，如：因為學業工作導致身心俱疲、長時間的工作與學習、感到巨大的學業或工作壓力、居無定所、缺乏社交、被排斥、被霸凌……等。

最後一個重要的因素，就是生理或心理上的其他疾病，比如患有慢性病或者重症的人群，往往會遭受憂鬱症或是焦慮症的折磨。與此同時，一些藥物的副作用，也會由於影響內分泌，導致焦慮的產生。酒精與毒品，會使我們的大腦產生各種精神問題，自然也不會少了焦慮。

如何應對焦慮

　　就像之前提到的那樣，負面的情緒與經歷，會在潛意識中植根於我們的思維深處，久而久之，造成了惡性循環。越是焦慮，越容易將本來無傷大雅的情境嚴重化，越傾向於逃避，從而使得克服這個問題也變得日益困難。從臨床上來說，醫師通常會採用認知行為療法以及藥物，來治療較為嚴重的焦慮。

　　那麼在日常生活中，我們可以透過什麼方法來減緩自己的焦慮呢？那就是挑戰自己的恐懼與焦慮感。以公眾演講為例，很多人害怕這個情境，是因為擔心他人的負面評價，如：「我在臺上忘詞了怎麼辦？」、「如果觀眾問我問題，我答不出來會不會很丟人？」、「如果我出汗臉紅、聲音發抖的話，會不會顯得很不體面？」……等。

　　不妨假設一下，假如你做為觀眾，臺上表演者的失誤是否會讓你耿耿於懷，甚至是一直嘲笑嗎？顯然並不會。因此，這時就需要質疑自己的想法是否真的成立了。

　　當然，主觀上想要立即停止自己的焦慮與擔憂是非常困難的，有時候我們甚至會覺得，只有一直保持這種憂慮感，才會感到安心，因為如果不這樣考慮周全的話，不好的事情

就會發生。

我們可以採取幾種不同的方式來應對：

- 設定一段特定的時間，讓我們專注於自己所憂慮的事情，不斷提醒自己並沒有忘掉這個憂慮，間接使自己安心。

- 計畫一些短期並且有趣的活動，從而可以有效轉移自己的注意力。

- 一些心理治療中常用的放鬆方式，比如肌肉放鬆與呼吸放鬆，都能有不錯的效果。另外，在心理治療中，有一個有效的方式，就是透過與親友溝通，確認自己的憂慮是不是過度，或者採取錄影、筆記記錄的方式，來回顧自己的表現與獲得的評價，是不是與自己的預期相符，從而形成良性的反思。

- 在出現焦慮時，我們要學會經常詢問自己，「我的這個想法合理嗎？」、「這個問題真的存在並且亟待解決嗎？」我們可以寫下自己最為憂慮的問題，然後列出所有可能的解決方法，即使是很差的方法也可以（比如逃避），再從實用性的角度上，思考這些方法的可行性，選擇最為合理和可行的解決方式，之後再為實行這個計畫做準備，最後實施計畫。

最為重要的是，我們要懂得，感到焦慮並不是我們的錯。遭受焦慮困擾的人，總是過度擔憂自己做錯了什麼，那麼想像一下，假如我們身邊的一個「朋友」，無時無刻不在大聲指責你做錯的事，以及你人生的失敗之處，那你肯定會迫切想要與這個「朋友」斷交。然而，焦慮的人內心就有這麼一個整天不消停的「朋友」，也就是說，焦慮的人，是在自我虐待。

也許現在就是與內心的「惡友」說再見的時候了，學會支持自己的想法與行動，學會原諒自己的憂慮以及錯誤。如果我們工作失誤，一笑而過就好；如果想要去交朋友，那就鼓起勇氣去邁出第一步。當我們學會與生活和解，漸漸地，我們的激情與動力也就回來了，否則，就永遠不能自我療癒。

> 「對於那些對人生毫無期待的人來說，我們需要做的是讓他們明白，人生正在期待著他們。」
>
> ——維克多・弗蘭克（Viktor Frankl）

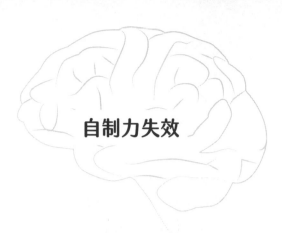

自制力失效

什麼是拖延

　　當我們打開電腦或者看著書架，可能會發現自己收藏了很多的影集，購買了無數的書籍，但總是「沒時間」去看。仔細回顧一下我們腦海中的計畫表，為什麼會有堆積如山的冗雜事項非但沒有完成，反而越來越多？

　　經過如此長時間的「積累」之後，我們甚至可以憑記憶畫出電視劇或者書籍的封面，但是直至今日，卻仍然未看。我們總是在截止日期前或者被人逼迫下，才會臨陣磨槍，匆忙完成任務，如在親友生日來臨之際，才想到添購禮物，在要用到鍋碗瓢盆時，才注意到待洗的餐具已堆積如山。

　　「我會完成這件事」、「我明天就開始」、「我今年要學一門外語」、「我要學一門樂器」……這些計畫都是對我們自身發展有益的，但是事實上，我們卻很少能真正完成自

己的「宏圖大志」。除了待辦清單加長外，我們的生活並不會出現實質性的變化。

當今的資訊時代，拖延（procrastination）已經成了我們生活中常出現的詞彙，幾乎所有人都有拖延的經歷。我們的大腦裡彷彿住著一個小惡魔，總是神不知鬼不覺地「教唆」我們的身體偷懶。然而，拖延不僅僅是現代社會的產物，可以說，有人類文明的地方，就有拖延。

西元前 800 年的古希臘詩人海希奧德（Ησίοδος）曾寫道：「不要將你的工作放到以後再做（Do not put your work off till tomorrow and the day after.）。」

古羅馬政治家馬庫斯·西塞羅（Marcus Cicero）稱拖延為「可憎」的；而臉書（facebook）創辦人馬克·祖克柏（Mark Zuckerberg）在哈佛演講時，開篇第一句就說：「沒有人在一開始就知道所有的事，沒有什麼想法在一開始就是完美的，只有當我們開始著手做以後才會變得清晰，所以我們唯一的選擇，就是開始去做。」

現有的研究發現，拖延不僅僅只是將事物延遲完成這麼簡單，真正的拖延是自制力的失效。心理學家們將這種拖延定義為：在知道自己將要面臨的結果的情況下，仍自主地將重要事件延遲的行為。

我們常常會覺得，薄弱的時間觀念是導致拖延的罪魁禍

首，然而事實上，難以有效控制自己的情緒，才是拖延的真正根源。

新年決心效應

每當新的一年或者新的學期，或是新的一週開始的時候，我們總是會設定一個目標，比如接下來的一個學期一定課前預習、新的一年一定要開始健身……等。學生需要寫寒、暑假作業或是論文，原本應該花幾個月去解決的任務，但真正的功夫卻往往用在交作業的前幾天。

諷刺的是，通常我們在接到這些任務時，內心非常明確：臨時抱佛腳的方式並不適用。因此，我們需要有個理想的規畫，時間與工作如何平衡？每天寫多少內容？最好能提前寫完，這樣還能留下充足的時間休息和娛樂。然而結果卻總是不遂人願，由於未來的時間總是顯得很充裕，所以大部分的人會一拖再拖。

慢慢的，時間從還有幾個月，到還有幾個星期，到只剩兩天。這時候，我們的腎上腺激素爆發，求生欲突然出現，在兩天甚至是一天內，完成那些看起來不可能完成的任務。

久而久之，原來本應穩定增長的進步曲線開始停滯，最初信誓旦旦達到目標的決心開始衰退。

這種拖延的現象還有一個專屬的名字，叫作「新年決心效應」。從生活中我們也不難發現，好比剛開學的時候，圖書館的人總是特別多；新年伊始，健身房也總是人滿為患。但是隨著時間的推移，這些地方的人漸漸變少，這就是所謂會員制健身房的盈利所在，它正是利用了人類的拖延習性。

正所謂萬事起頭難，但遺憾的是，即使我們堅持去練習，想要突破自我，比如每天都練琴，或是每星期都會去幾次健身房，但依舊很容易出現無法保持專注和努力的情況，如此一來，反而會成為一個心理負擔，心態慢慢的會轉變成隨意應付打卡下班的感覺，這樣最後就只能原地踏步，難以推動自我前進。

用擬人一些的方式來說，就像是我們的大腦裡還有一隻懶散的猴子或者一個小惡魔，當我們做為掌握方向的船長，想做一些富有成效的事的時候，腦子裡的那隻猴子，就會突然跳上來搶過船舵，說：「不行！先不要做，先去刷一刷IG，或是去看一看臉書有什麼有趣的事吧！」

於是拿起手機開始滑，或是去翻一翻冰箱找點零食，甚至去做平時根本不願意做的家務，也不願意去完成手頭的工作。因為我們大腦裡的猴子，並不關心這艘大船駛向何方，

就算船沉了牠也無所謂，牠只關心簡單和快樂，而我們的大腦需要的也是快樂，而不是痛苦和壓力，因此兩者一拍即合，讓我們變得懶散。

1999 年，三位心理學家里德（Read）、洛溫斯坦（Loewenstein）與卡亞納羅曼（Kalyanaraman）招募了一些受測者，讓他們從包含二十四部電影的清單中，選出自己最喜歡的三部電影。

其中，一些電影比較通俗，比如湯姆・漢克斯（Tom Hanks）主演的《西雅圖夜未眠》（Sleepless in Seattle）、羅賓・威廉斯（Robin Williams）主演的經典電影《窈窕奶爸》（Mrs. Doubtfire）；而另一些則更為深奧，比如史蒂芬・史匹柏（Steven Spielberg）的《辛德勒的名單》（Schindler's List）、珍・康萍（Jane Campion）的《鋼琴師和她的情人》（The Piano）等。

從分類上來說，一部分電影有趣輕鬆，但是容易過目即忘，而另一部分雖然容易被記住，但是卻需要更多的精力去理解劇情。實驗的設計者要求受測者們在選擇好電影名單後，立即開始觀看其中一部，第二天再看一部，第三天看最後一部。

大部分人都選擇了大名鼎鼎的《辛德勒的名單》，因為即使對電影不太感興趣的人，也都知道這部電影獲獎無數。

但是有趣的是，他們並不會選擇在第一天就看《辛德勒的名單》，與之相反的，大家在第一天選擇了輕鬆愉快的通俗類電影，如喜劇片、動作片等，只有44％的人選擇先看燒腦的電影。然而當實驗者告訴受測者們，需要馬上看完三部電影時，《辛德勒的名單》就被打入了冷宮，被選進觀看清單的次數立刻少了近三成。

這個研究的結果說明，我們的喜好經常與我們的時間觀不相符。舉例來說，如果現在有兩個選項：在一個星期內看一本經典名著，還是看一本通俗小說，通常情況下，我們會選擇更輕鬆易讀的通俗小說。當然，本身喜歡經典文學的情況除外。

同樣的，在一個星期之後，我們又會做出同樣的選擇，結果就是明日復明日。正因為如此，我們才會寧願去刷刷IG、看看抖音，而不願意做手頭上繁雜的工作。

這種現象，在心理學中有時被稱為「現實偏見（present bias）」，指無法認識到自己想要的事物會隨著時間的推移進行改變，而我們現在想要的，並不一定是以後想要的。正因為如此，我們才總會「短視」的去追求眼前的快樂。

我們為什麼會拖延？

人們之所以總是明日復明日，原因之一是有的人並不具備所需的技能或資源。例如有人計畫進行更健康的膳食，卻不知道如何準備食材與烹飪；同樣的，有人打算運動，卻沒有財力支付健身房會員費。

而那些有條件的人同樣也會拖延，又如何解釋呢？這就要怪罪現在周圍的干擾因素太多了，時刻讓我們選擇「葛優癱」，而不是去健身房受苦。研究發現，當我們情緒比較興奮快樂，或是感到饑餓，或是被工作壓得身心疲憊時，就更難去進行自己預定的目標了。

近年來，第三個關鍵原因開始被發掘，除去資源不足或是短期衝動行為導致我們失去奮鬥的目標之外，我們還會經常進行自我催眠，讓自己的偷懶合理化。

在這種情況下，我們會想方設法證明自己應該得到放縱，比如「今天壓力很大，所以應該喝杯奶茶。」、「這星期天氣太差，所以我不去健身房。」、「我現在可以吃炸雞，反正我明天要去健身。」……，就像計畫下星期開始節食的人，通常會在這個星期攝取更多的食物，進而諷刺地導致體重的增加，而不是他們預期的減少。

另外，對將要進行的活動越厭惡，往往拖延的可能性就越高。例如去健身房，每個人都有自己討厭的訓練項目，有的人討厭練肩，有的人討厭練背，如果有健身習慣的讀者看到這裡，想必也會感同身受，自己在做厭惡項目的訓練時，往往更想要拖延。

　　當我們看到或者想到一件極度不情願做的事情時，大腦中與疼痛相關的區域——杏仁核就會被啟動，因此，我們的大腦就會本能地去尋找停止這種負面刺激的方式。而其中最為快捷有效的方式，自然是「眼不見為淨」，也就是將自己的注意力轉移到其他事情上。

　　有這樣一個很有趣的研究：以大部分學生深惡痛絕的數學為對象，透過腦成像技術，來探索我們在做數學題時，大腦會發生什麼變化。對於那些對數學感到焦慮的人來說，數學與恐懼、緊張、憂慮這些情緒，緊密地連結在一起。

　　當招募的受測者們即將開始解答數學題目時，他們大腦中與本能威脅性相連結的區域，出現了明顯的啟動，並且在他們大腦裡，與痛苦相關的區域也產生了啟動。

　　心理學家們發現了一個非常有趣的現象，由於這個實驗檢測的是受測者們即將開始做數學題時的大腦資料，所以測量時，這些人類「小白鼠們」並沒有真正開始做數學題，因此事實上，並不是做數學題這個行為帶來了不快或者痛苦，

而單純是即將做數學題的想法與焦慮感，就已經讓他們痛苦不堪。

這個心理研究很簡單地說明了拖延的隱含原理，就是當我們將要參與我們討厭的事情時，大腦會告訴我們它非常的痛苦，進而產生了抵觸的情緒。然而，當我們硬著頭皮真正開始做不喜歡的事情後，這種大腦神經上的不適，很快就會消失。

總的來說，拖延的過程大致如此。我們留意到某件事且得到心理暗示，它會讓我們產生不適，為了消除這種不適，我們試著讓自己不去想這些令人不快的事，轉而去做一些更讓人愉悅的事情，或是任何能讓自己暫時忘掉「當前任務」的雜事。

但是這如同飲鴆止渴，短時間內會覺得放鬆愉悅了，這種暫時的逃避並不能長久，因為我們所拖延不做的事情還是在那裡，如果是重要的學習或者工作任務的話，反而會像一個負擔一樣，越來越重地壓在我們身上。

拖延是無傷大雅的壞習慣嗎？

我們可以輕易的在網路上找到無數戰勝拖延症的「攻略」，書店裡也擺放著無數以克服拖延症為賣點的書籍。正是因為如此，時間短、投入少的網路課程，越來越受到大眾的歡迎。

不知道有多少人看到「一小時學會XXX」之類的標題，就會控制不住自己的食指點擊參與，然後告訴自己，我花錢學習了一項技能，或者瞭解了新知識，那麼我今天的學習任務已經完成了，可以沒有罪惡感地去玩耍了。

在《拖拉一點也無妨》（The Art of Procrastination）一書中，作者史丹佛大學的教授約翰‧佩里（John Perry）就曾提到，人們會透過改變自己的日程表來麻痺自己，因為無論如何，它終究可以解決日程表裡的一些事，進而自我安慰，今天已經做了某某事，並非浪費時間。

心理學家的觀點則更為直白，他們認為拖延將有益的行為（比如解決問題、安排日程等）變成了有害的、自我否定的逃避行為。

在2002年，心理學家丹‧艾瑞利（Dan Ariely）和克勞斯‧沃頓博屈（Klaus Wertenbroch）招募了一群大學生，將

其分為 A、B 兩組。他們都需要在該學期繳交三篇論文，但是 A 組的學生可以自由選擇三個截止日期，只要在自己選定的截止日前繳交論文即可，而 B 組的學生則得到了三個固定的截止日期。

結果我們很容易能推斷出，A 組的成績將會是最差的。儘管大部分學生都明白自己會拖延，所以需要將作業分散完成，但是過度的樂觀，使得他們不可避免地拖到了最後關頭才完全論文；而 B 組學生因為特定的截止日期安排，他們必須時刻敦促自己，自然更有效率，論文品質也更高，從而得到更好的成績。

在另一項關於拖延的研究中，心理學家們透過量表，對大學生的拖延行為進行評測，然後追蹤他們在學期內的學術成就、壓力及健康狀況。最初，拖延行為較嚴重的學生，反而比不拖延的學生壓力更小，因為他們將自己需要完成的學業功課延遲，從而獲得了更多的休閒娛樂的時間。

但是當期末來臨，拖延學生的末日就到了，他們的壓力更大，更為焦慮，身體健康出現了問題，而且得到了更低的成績。至於那些腦子裡住著強大拖延惡魔的學生們，由於怪物太過強大，導致的後果就是直接沒完成作業，結局就更為淒慘了，如家人的責問、自己的悔恨等，長期下去甚至會自暴自棄。

如果回想前面的內容，我們不難發現，拖延者的健康與成績的變化曲線，是非常符合邏輯的。換句話說，拖延是一種自我擊敗的習慣，拖延能讓我們感到短時間的快樂，但卻是以長期的慢性身心痛苦做為代價。

如何克服拖延？

從一定程度上來說，拖延和上癮有不少共同之處，它們可以讓我們短暫地得到興奮，並且從無聊的現實中解脫出來。說起來其實挺諷刺的，我們大腦裡的小惡魔，總是在幫助我們自欺欺人，比如我們可以騙自己說上網是為了搜索資料，我們開始對自己編故事，會說自己本來就缺乏邏輯思維，天生不是學理科的料。

我們會為自己找一些聽起來有道理、但實際極其荒謬的藉口——如果學得太過超前，就可能會忘記考試的內容。拖延在一定程度上，就像是寄存在大腦的毒藥，假如只食用了微量，可能並不會造成明顯傷害，但是隨著時間的推移，就等於服下了越來越大劑量的毒藥，即便看起來還是健康的，但是此時攝取的毒藥已經逐漸增加了我們罹癌的風險，並損

壞了我們的身體器官。

拖延也是一樣，看起來只是延遲了一件非常小的事情，但是日積月累的拖延，就會成為習慣，雖然看起來也可以很健康，但是長期下來呢？因此，克服拖延，對我們的發展有著長遠的益處。

我們得克服大腦中的小惡魔分散我們注意力，引誘我們去玩樂、去享受的欲望。這種自制力對我們的影響非常深遠，而著名的「棉花糖實驗」，就揭示了其中的緣由。

這次的實驗對象是一群小孩子，他們坐在一張桌子前，桌上擺放著一個鈴鐺，以及一塊看起來很好吃的棉花糖。小孩子們被告知，他們可以直接吃棉花糖，或者等待幾分鐘，得到雙倍的數量。如果他們覺得自己難以忍受美食的誘惑，那麼可以透過搖鈴來讓研究者們終止實驗。

一些孩子很急迫，直接就吃掉了擺在面前的大餐；而另一些小孩則在盯著棉花糖的同時，與自己的欲望掙扎，直到屈服於強大的欲望；還有一些孩子則一直嘗試分散自己的注意力，一些在玩弄自己的手指，一些還發出了怪聲。在實驗的最後，大約三分之一的孩子沒能抵擋住棉花糖的誘惑。

如果僅僅是如此簡單的設計，這個實驗並不會那麼著名，它之所以著名，乃在於追蹤調查這些孩子的小學、中學直到成年的成長過程，瞭解他們的工作、貸款情況、家庭

狀態等。

　結果顯示，那些能克服欲望、自我控制的小孩子們，在成年後的發展也更好，他們能有更高的 SAT 分數（能夠等待 15 分鐘的孩子，比只能等待 30 秒鐘的孩子，SAT 成績平均高出 210 分），更善於應對壓力、注意力更集中、社交更活躍……等。

　這些成就並不是因為他們不貪吃或者更聰明，僅僅是因為他們能告訴自己，什麼決策是對自己最有利的。學齡前的兒童都能做到，做為成年人的我們怎麼能比孩子的自制力還差呢？

　正如前文的研究所提到的，自定的日程表可能沒什麼效果，我們還需要有一個有效力的截止日期。針對這個問題，有一個非常流行的時間工具，可能很多人也瞭解過，那就是「番茄工作法（Pomodoro）」。

　它是弗朗切斯科・西里羅（Francesco Cirillo）在 80 年代初發明的，因為我們所用的計時器通常是番茄形狀，弗蘭切斯科就以義大利語中的「Pomodoro（番茄）」來命名了。

　如今，我們自然不需要古老的計時器了，市面上有無數相關的應用軟體，只需要打開手機或電腦，甚至瀏覽器，它就會自動暫停會打擾我們的事物，幫助我們集中精力。

　研究證明，大多數人都可以保持集中 25 分鐘的注意

力，因此，給自己設定一個 20 － 30 分鐘的工作學習時間是非常有效的。如果做到了，便可以給自己一點小小的獎勵，如上網 10 分鐘、喝杯咖啡、吃點零食，或是回覆一下訊息，使你的大腦得到愉悅的放鬆。

在習慣一段時間後，你會發現「番茄工作法」的使用效果非常明顯，它就像是你的大腦在健身房做完一次 25 分鐘的高強度訓練，然後進行休息放鬆一樣。

克服拖延的另一個重要的方法，就是我們應注重過程，而非結果。例如我們需要做一張數學練習卷，但是大部分的人都討厭數學，因此很容易選擇延遲完成，直到截止日。因此在內心深處我們深知，解決一張練習卷是一項很難的任務，就算發呆也比做練習卷快樂很多，反正在作業截止日期前我們總是會做完的，這就是我們關注結果的後果。

我們腦子裡只想到練習卷做完和做不完兩個結果，而結果則會觸發痛苦，這是導致我們拖延的關鍵原因。如果我們將注意力集中在過程上，即透過分割任務，專注於答某一類題，我們就會慢慢忘了結果，因為我們的目的是做完一道題目，或是一張練習卷裡的一個小節。

這樣下來，在短期間內，你可以平靜地在不經意間完成目標。這就像是一場體育比賽，不僅僅是運動員，包括每一個觀眾，大家所關注的都是球隊會如何得到下一分，而不是

比賽的最終結果，這也是體育直播的魅力所在。

堅定的信念，自然也是改變拖延習慣的關鍵因素。

當事情變得棘手時，大腦裡的小惡魔會讓挫折感占領我們的思想，使我們渴望回到那個更舒適的舊習慣中去。而只有擁有相信新的習慣能夠奏效這一信念，才可以讓你堅持下去。

有時候，生活中遇到的事也能幫我們堅定信念，例如學習這種需要長期投入、卻見不到短期收益的活動。當你在被背誦折磨的時候，也許會因為覺得一輩子都可能用不到而放棄，卻遲早會感嘆「書到用時方恨少」。

當我們看到一個美麗的湖泊，湖中有天鵝在嬉戲，此時駱賓王的《詠鵝》就會躍入腦海中：「白毛浮綠水，紅掌撥清波」，而那些沒記住這首詩的人，可能一輩子也體會不到用兩句簡短的詩就能描繪自己感受的快樂。

拖延總是讓我們感到痛苦，而這源於即將要做的事令我們痛苦，如果我們可以換一個角度去看問題，就有可能得到截然相反的感受。

人類其實非常有趣，在某些情況下，痛苦可以轉變為快樂，我們往往能在自己可以掌控的情況下，去尋找低層次的痛苦，然後從中獲得樂趣，比如高空彈跳、吃麻辣鍋、坐雲霄飛車等。

就像英國詩人約翰·米爾頓（John Milton）所說過的一句話：「心是它自己的住家，在它裡面能把天堂變地獄，地獄變天堂。」

「光陰珍貴，切莫活成得過且過的樣子，正所謂『落木無邊江不盡，此身此日更須忙』。」

——陳師道《次韻李節推九日登南山》

看不見的白熊

　　強迫症就像是有一圈額外的雲，包圍在我們的大腦和思維之外，像是一群蜜蜂在我們的大腦周圍進進出出，嗡嗡作響。「蜂巢」有時會非常忙碌，有時會有空閒，這主要取決於當天的心情。

　　它又像一個年久失修的水龍頭，無休止地滴著水。大腦持續不斷地產生不合理的想法，即便知道不合理，但卻仍然不停地產生這些想法，它們會在那段時間變得極其重要，用恐慌支配著我們。

揮之不去的白熊

「試著完成下面這個任務：不要去想白熊，然後你卻會發現，這個被詛咒的東西每分每秒都會回到你的腦海中去。」

這個我們耳熟能詳的心理學現象，來自於俄羅斯著名作家杜斯妥也夫斯基（Dostoyevskiy）在 1863 年著作的西行遊記《冬天裡的夏日印象（Winter Notes on Summer Impressions）》。

這隻「白熊」，可以指一切我們想要停止的事物，比如戒菸、不吃甜食，終結不健康的關係，或者是他人惡毒的話語。在閱讀之後的文字時，試著不要去想這隻「白熊」，最後看看結果如何。

有趣的是，直到一個世紀之後，這個現象才真正被哈佛大學的社會心理學家丹尼爾‧韋格納（Daniel Wegner）所證實。他做了一個很簡單的實驗，要求受測者們用語言描述自己在 5 分鐘內腦海中進行的意識流，同時盡量不去想到白熊，如果白熊闖入了腦海，那麼就需要搖一下鈴。結果不言而喻，儘管每個人都盡可能地避免這種情況，但是在參與者的大腦裡，每分鐘都至少會被白熊「打擾」一次。

接下來，韋格納告訴這些受測者將繼續實驗，唯一的區別就是這時他們可以盡情地去想白熊，結果發生了什麼事呢？這些先被壓抑5分鐘，然後給予「思想自由」的受測者們，相較於另一組一開始就被告知可以想白熊的受測者們，更頻繁地想到白熊。

　　有意思的是，我們大部分人在遇到這種不斷闖入的負面想法時，本能反應都是訓誡自己的大腦「停下來」，結果卻帶來了反效果。因為壓抑思想，有時候反而會造成反效果，正所謂「得不到的才是最好的」。因此，大腦會更變本加厲，這與人類的叛逆心理有著有很大的相似之處。

　　2010年，心理學家們找來了正處於節食階段的160名女性受測者，將她們分成三組，要求其中一組抑制她們對巧克力的渴望，另一組則要去想巧克力，剩下的一組可以去想任何她們希望的事情。

　　之後，心理學家們讓這些正處於節食期的女性們，參與為兩種巧克力口味評分的小測試。結果顯示，那些抑制巧克力想法的女性，反而吃掉了最多的巧克力。

　　之後，這些心理學家又做了另一個相似的實驗，只是這次把巧克力換成了香菸。他們要求老菸槍們記錄自己每天抽菸的數量，持續三個星期。

　　在第一個星期，心理學家們提供給他們的香菸數量與以

往沒什麼不同。到了第二個星期，一些老菸槍被要求抑制自己抽菸的想法，一些則被鼓勵想抽多少就抽多少，剩下的則自由選擇。

結果顯示，那些抑制自己抽菸想法的老菸槍們，對香菸的消耗量出現了減少。但是在之後的一個星期，當這些老菸槍放棄了抑制自己對香菸的渴望後，他們反而抽了比平時更多的香菸。

想一想，自己的生活是不是也有類似的經歷呢？多少人在立志之後，因為片刻的放鬆而前功盡棄。

馴服白熊

在之後幾十年的研究中，韋格納開始意識到，每當他解釋自己的作品時，聽眾通常都會問相同的問題：「好吧！我懂了，那麼我到底應該怎麼辦呢？我怎樣做才能使自己的思想回到正軌？」

因此，他總結了「抑制白熊」的幾種主要策略。

◆ 專注於干擾源

　　選擇一個能轉移自己注意力的干擾源，然後專注於這個干擾源。在一項研究中，韋格納與他的同事，要求受測者們去思考紅色的大眾汽車，而不是白熊，結果發現，這種給予另一個干擾源的方法，可以幫助他們避免煩人的白熊的叨擾。

◆ 試著延遲自己的想法

　　不少研究發現，讓人們給自己定一段特定的「胡思亂想」時間，比如每天晚上半小時，那麼在一定程度上，能減少自己在平時過度擔憂或者被「白熊」所困擾的頻率，解放被「白熊」過度占用的時間。因此，當下一次「白熊」無禮地闖入我們的大腦時，不妨試著告訴大腦：「到下個星期一，才是白熊的放風時間。」

◆ 避免多工同時進行

　　我們的大腦就像一個容器，或者電腦的處理器，是有其認知負荷的，同時處理的任務越多，大腦的效率就會越低。有一項研究甚至發現，當我們大腦的認知負荷過重時，更容易出現負面的情緒以及想法。換句話說，當大腦很累時，它

也會在那哀嚎：「好累！我不想活了！」

◆ 暴露

　　這個暴露並不是生理上的暴露，而是學會接受擾人想法的存在，而不是當「白熊」一出現就大驚失色，退避千里。當大腦習慣「白熊」的存在時，我們就不會那麼關注這些負面的想法了。

　　正如有時我們住宿在某些特別吵鬧的地段，前幾天會不勝其擾，難以入眠，但是在習慣之後，一旦沒有外界吵鬧的聲音，反而更難睡著了。

> 「被強迫思維所困擾的人，就像是拖著一個沉重的錨。強迫思維像是一個剎車、一種拖累，而不是代表著擁有創造力的獎章，不是天才的象徵。」
>
> ——大衛・亞當（David Adam）《停不下來的人》

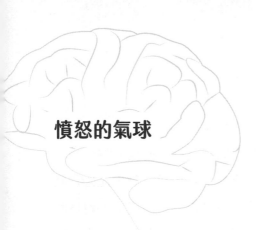

憤怒的氣球

　　憤怒，是一種人皆有之的情緒，它會出現在我們生活中的各方面，比如破碎的感情、失業的苦楚，或是病痛的折磨。在電視、報紙報導的各種暴力新聞中，大部分的主因都是因為憤怒，憤怒還會給我們的生活帶來災難性的後果。如果讓憤怒的情緒放任自流，它會破壞我們最親密的人際關係，並損害我們的身心健康。

憤怒的影響有多大？

　　研究顯示，我們最容易發洩憤怒的對象，往往是最熟悉的人，比如父母、伴侶、同事、朋友、孩子等。有的人對外彬彬有禮，回到家卻難以控制自己的情緒，變得暴躁無比，一旦出現紛爭也從不妥協，嚴重的甚至會導致家庭破裂。回

想一下，憤怒的情緒是不是也破壞過我們自身一些重要的人際關係呢？我們是否經常將自己的憤怒推卸給他人呢？

不僅如此，憤怒嚴重一點還會引發攻擊行為，比如我們經常在新聞中看到的激情殺人，或者是「路怒症」。對身體健康而言，憤怒並無益處，長期研究發現，憤怒與心臟疾病有諸多的關聯。

設想一下，每當我們情緒激動、憤怒的時候，我們都會出現心跳加快、氣血上湧、肌肉緊張等生理表現。從生物學來說，憤怒有助於我們勇敢對抗「敵人」，但是現在處於文明社會，如果不停地因為雞毛蒜皮的事而啟動憤怒系統，就像是汽車一邊拉著手剎車、一邊猛踩油門一般，長此以往，就會對心臟及心血管等部位造成嚴重的損害。

除去上述那些可見的後果，憤怒帶來的，還有精神上的損害，正因為如此，才會有那麼多的「憤怒管理（anger management）」課程，美國著名喜劇演員查理·辛（Charlie Sheen）就曾出演過名為《憤怒管理》的美劇。

設想一下，我們在憤怒的時候，會不會在埋怨他人的同時，也在責怪著自己，進而產生了憂鬱的情緒，或是內疚、窘迫、失控，導致與人交往時缺乏自信呢？

研究證明，在情緒管理不當的情況下，憤怒是對我們的健康具有最大影響的負面情緒，與其連結最密切的健康問

題，莫過於高血壓、心血管疾病和消化系統疾病。憤怒還會引起皮質醇的升高，因此，長期生氣的人更容易罹患感冒、流感、哮喘和皮疹等疾病。

陷入憤怒等負面情緒，會增加人體產生的壓力激素——皮質醇，反過來會削弱我們主動解決問題的能力，還會降低免疫能力，正因為如此，我們在憤怒時，才容易做出很多讓自己後悔莫及的事情。

不僅如此，憤怒狀態還會導致我們知覺能力的下降。2014 年，心理學家們做了一個有趣的實驗，他們要求受測者回憶，並且寫下那些引發自己恐懼與憤怒情緒的個人經歷。

之後他們的手被隔板遮擋，心理學家們用道具去刺他們的手，結果顯示，那些回憶自己痛苦經歷的受測者們，其被刺時觸覺感受的準確性以及敏感性，都出現了下降的情況。可見，憤怒不僅讓人喪失理智，還會對周圍世界的感知變得遲鈍。

易怒的人，反而覺得自己更聰明

憤怒，與其他的負面情緒，比如焦慮、憂鬱不同，是一種有趣的負面情緒，因為它總是與很多積極的特質有關聯，比如樂觀、自信。心理學家們甚至懷疑，這是因為憤怒的情緒容易讓人過度高估了自己的能力，才造成了這種奇妙的相關性。

為了驗證這個假設，他們找來了五百多名在校的大學生，讓他們透過量表來評估自己的易怒程度，以及自己的智商。同時，這些學生需要做一個專業而客觀的智商測試，結果顯示，那些容易生氣的人，更容易高估自己的智商水準。

其實這個結果並非出人意料，不少研究發現，自戀是人們高估自己的主要因素，而憤怒的人，又與自戀的特質息息相關。正因為如此，憤怒的人才容易做出一些讓常人無法理解的不自量力、螳臂擋車的行為。

正如梁實秋所言：「血氣沸騰之際，理智不太清醒，言行容易逾分，於人於己都不宜。」

憤怒與癌症

憤怒是一種正常的感覺，但正如之前的研究所示，發洩或是抑制憤怒，都會引發問題，當憤怒的情緒強烈並且長時間持續，或者被強烈壓抑的時候，便會成為不健康的憤怒。

越來越多的研究發現，壓抑狀態的憤怒與癌症息息相關。在對癌症患者的調查中發現，相較於健康人群，患病的人出現了極低的憤怒評分，這顯示患者可能正在抑制憤怒，這也說明了抑制憤怒可能是癌症發展前兆的證據。

在對患有乳癌的女性進行的研究中，研究者們發現，在極度壓抑憤怒的行為與確診乳癌這兩者之間，有著顯著的統計學相關。

抑制自己憤怒情緒的女性們，其血清免疫球蛋白 A 數值升高，而這個免疫球蛋白，與不少免疫性疾病息息相關。男性也是如此，研究也證實了長期壓抑憤怒情緒的男性體內，一種重要的免疫細胞——自然殺傷細胞，出現了明顯的細胞毒性，因此這些男性也更容易得到攝護腺癌等疾病。

當控制憤怒的情緒成為一種需要時，正確的方式也就變得可貴。很多書籍都在指導人們如何應對憤怒，卻往往無法提出有效的建議，甚至會互相矛盾。有的建議讀者逆來順

受，有的則鼓勵盡情發洩，很顯然的，這兩種方式都有明顯的弊端。

1950 年代，美國著名的臨床心理學家亞伯特・艾利斯（Albert Ellis）初創了一個行為療法，叫作「理性行為情緒療法（Rational Emotive Behavior Therapy）」，而這個療法也經過了時間的考驗，被證實有效。

應對憤怒情緒的五大盲點

我們先來瞭解一下，艾利斯博士所提出的應對憤怒情緒的五大盲點。

第一個盲點，透過發洩來減輕憤怒。

最初的心理學理論，比如奧地利心理學家西格蒙德・佛洛伊德（Sigmund Freud）的「情緒液壓理論」認為，如果我們過度累積憤怒，就會聚集過多的負面能量，如果沒得到釋放，就會引發疾病。

然而這個觀點有兩個錯誤，即發洩憤怒的確會讓我們消氣，表達憤怒可以減輕憤怒對健康的影響。

在幾十年的心理學研究過程中，有一個相對公認的結論：不管是從言語還是行動上發洩憤怒，都只會導致更多的暴力。所以下次生氣時，試著忍住怒氣，你會發現，激動的情緒會慢慢平靜下來。

第二個盲點則是在憤怒時，採取暫停的策略，即在憤怒的時候，去避免或遠離那些讓我們憤怒的源頭。

暫停策略，在一定情況下的確有助於讓頭腦冷靜，但是長期習慣性地迴避，則會導致我們不再設法解決應該解決的問題，那麼，憤怒的源頭依舊滯留在那裡，甚至惡化。

另外，這種迴避也不利於進行情緒管理，還會使我們養成一種逃避困難的習慣，將不利於人格的長期發展。

第三個盲點，化悲憤為力量，擁有憤怒的情緒，能幫助我們戰勝逆境。

但事實上，憤怒的情緒往往會阻礙我們實現目標。道理很簡單，在憤怒情緒下能完成的事情，在理智的情緒下肯定會完成得更好。

第四個盲點，則是一些心理健康專家灌輸的錯誤理念，即洞察過去可以減輕憤怒。因此有些人認為，自己的憤怒肯

定與童年時期的心理創傷有關，那麼，想要弄清楚這種童年創傷，幾年的治療是不可避免的，但是這並不能減輕憤怒。

試想，我們想提高自己的羽毛球技巧，請了一個教練，在幾次課程後，教練發現我們的握拍方式不對，那他應該花幾個月時間，弄清楚是不是你童年的經歷導致你握拍錯誤，還是直接指導你改變呢？答案顯而易見。

當我們憤怒時，要弄清楚自己做錯了什麼，而不是鑽牛角尖，探究為什麼自己會產生憤怒情緒。

最後一個盲點，就是大家總會在憤怒的時候，覺得是外界的因素導致自己生氣，自己是一個受害者。但是，往往這種想法才是導致無止境憤怒的重要原因。

設想一下，你和另外五個人因為交通堵塞，趕不上重要的面試，那麼，你們的反應會一樣嗎？或許有的人會暴跳如雷、開始謾罵，而有的人則冷靜地自我安慰。不僅不同的人對同一件事的情緒反應不同，即使是你自己，在不同的時間對同一件事的反應也可能是不同的。

所以，如果想要有效地減輕憤怒，那麼需要改變自己是「受害者」的觀念，用理性、自然的心態來看待問題。

控制憤怒

如上所述，交通擁堵是誘發我們憤怒的事件，是因；而憤怒則是情緒和行為，是果。如果憤怒是由堵車所導致的，那麼我們可以斷定，只要是堵車，就必然會產生憤怒的情緒，但這顯然是不合理的。

就像水需要到達攝氏一百度才會沸騰一樣，我們的情緒也是如此。這時，就展現出了個人信念體系的重要性。簡單來說，我們無法改變因，但是可以透過信念的變化，來改變看問題的視角，從而改變結果。

因此，如果我們想要改變自己的負面情緒和行為，或者改變導致這些情緒行為的信念，堅持努力地做大量的練習，會是一項不錯的選擇。因為很多時候，我們都能清楚地意識到自己出現的問題和錯誤，但是這不意味著我們會去挑戰這些非理性的想法，更別提去改變了。

信念也有著強弱之分，比如有的人可能覺得「4」這個數字代表著不吉利，儘管理性告訴你，這只是迷信而已，但是在實際的生活中，我們仍然會盡量避免用到它。

那麼，我們到底該如何訓練控制自己的情緒呢？其中的一個方法叫作「理性情緒想像」，這是由美國精神病專家小

馬克西・馬爾茲比（Maxie Maultsby Jr.）博士所提出。

　　我們可以想像一個負面事件，或是一連串讓你生氣、煩惱的事件，比如自己工作出色，卻因為同事的原因背了黑鍋，被主管責罵。透過這個負面經歷，讓自己的憤怒迸發出來，之後盡可能去透過改變信念、想法的方式，讓自己的情緒穩定，再重新演練，看看事情的結果會不會出現變化。

　　有研究發現，想像一下那個令自己生氣的人，也曾經給過自己愉快的經歷，那麼將會讓我們減輕憤怒，對那個人也會產生較好的感覺，如此迴圈，慢慢的，這些感覺就會勝過敵意。這也是很多情侶、夫妻在大吵之後，仍然會復合的原因之一。

　　試著去幫助他人解決憤怒的情緒，也是一個不錯的方式，所謂「旁觀者清」，在多次幫助他人解決憤怒後，在應對他人憤怒情緒的同時，我們也會從中瞭解到憤怒的本質，從而避免自己生氣。

　　參與公益活動也是方法之一。很多研究顯示，容易出現情緒問題，比如暴躁、生氣的人，更容易感到生活乏味、沒有人情味、覺得孤獨。如果能參與有益的團體活動，或是有一個積極的人生目標，那麼他們內心中的負面情緒也會隨之消散。

　　另一個簡便易用的方法，就是背誦那些理性的話語，

用這些話語來幫助自己克服憤怒情緒，關注更為理智、有益的方面。

這就有點像很多基督教人士，在遇到事情時喜歡說「上帝保佑」，或是佛教人士說的「阿彌陀佛」等話語，來平靜自己的內心一樣。在情緒不穩定時，你可以試著重複自己喜歡的那些理性語句，透過簡易的放鬆，來實現自我冷靜。

「發一次怒對身體的損害，比發一次高燒還要厲害。」

——亞歷山大·仲馬（Alexandre Dumas）

大腦的陰雨天

文化如何影響憂鬱症

　　詩人與哲學家們一直為人類情緒既有普遍的共性、又有獨特的個性這一特質所著迷。文化在我們的情感敘事上，留下了不可磨滅的烙印，同時也影響著我們對憂鬱的感受和看法。憂鬱症就像是漫漫星空下的點點繁星，這是一片布滿點點昏暗螢光、充滿著痛苦且廣闊無垠的星空。

　　當我們仰望夜空時，那些紛繁複雜的憂鬱症狀，就像是天上的繁星一樣，點綴在我們的視線裡，而由於所處的位置不同，每個區域的人所看到的景象也有所不同，不同文化引發的觀念也自然不同。

　　有一個非常迷信的中國人，買了一間房子，但門牌號含有他覺得不吉利的「4」，這給他帶來了非常大的困擾。但是由於各種原因，他無法將這間房子轉手，只能硬著頭皮

住下去。漸漸地，他覺得自己自從搬進這間房子後就諸事不順，慢慢地積鬱成疾，最後得到了憂鬱症。

　　一個非洲人由於經常感覺不安，於是去看心理醫師，但當醫師問他是什麼感覺的時候，他說出一串奇怪的音符，類似「Obeah……juju……voodoo……」之類的。醫師無法理解，幸好當地的一位助手適時解了圍，就問他是不是「XXX」的意思，那個患者驚喜地說：「是是是！」

　　為什麼醫師不理解呢？因為患者說的這一串話，是他們文化中「夢魘」的意思，由於接受的教育不同，因此醫師就無法理解了。

　　在西方文化中，對憂鬱症的解讀，通常會從生理以及心理兩方面共同著手；但是在東方文化中，尤其是華人地區，人們更傾向於表達自己生理上的感受，比如疲憊、睡不著等，卻很少傾訴自己心理上承受的壓力和痛苦，因為我們注意力的下降、胃口不好、失去興趣，是因為睡不好、身體累，在一定程度上，成為醫師常說的「神經衰弱」。

憂鬱情緒與憂鬱症的區別

在當今社會，「憂鬱」這個詞無處不在，甚至在日常的對話中，都可能頻繁地出現。當我們結束一天繁忙的工作回到家時，我們會對親人訴苦，或者上網 PO 文向朋友抱怨——生活使我們憂鬱；另外當我們得到一些壞消息時，心裡也會憂鬱。

調查顯示，大約有 10％的成年人被憂鬱症所困擾，哪怕你是名人，比如著名作家 J.K. 羅琳亦是如此。但是，做為一種精神疾病，憂鬱症比類似高膽固醇、心臟病、癌症等疾病更難以被人理解，其中最容易被混淆的，在於如何區分患有憂鬱症還是只是簡單的情緒低落。

這就可能帶來嚴重的問題。因為無法準確分辨憂鬱情緒與憂鬱症，當我們對普通的情緒低落過度反應時，也可能忽視真正的憂鬱。如果按照當今社會的發展趨勢，當我們感到憂傷或不適時，都用「憂鬱」來代表，那麼我們就有可能會過度簡化了這個心理疾病中最為重要的成員。根據截至 2017 年所獲得的資料，全球大約有 3 億人正承受著憂鬱症的折磨。

至於憂鬱情緒（如憂傷）的特點，在於其有特定的誘發

事件，比如因考試失利、被炒魷魚、與人發生爭執、分手後的失落，甚至只是連日雨天，都有可能導致心情低落，有時可能根本就是沒來由的消沉，或是傷感突然來襲。

我們會憂傷一段時間，也許是幾小時或者幾天，但是這些憂鬱的情緒，最終都會隨著時間慢慢褪去。在我們的一生中，都會經歷無數次的憂鬱，然後透過哭泣、傾訴等方式，來減輕不良感受。

憂鬱症是全球患病率最高的幾種疾病之一，影響了我們思考以及感受世界的能力。它像是一團黑煙，無孔不入地滲透到我們的生活中。在通常的情況下，它會持續至少兩個星期的時間，並且會嚴重影響患者的工作狀態、行為能力，以及情感生活。

憂鬱症是一種什麼感受

想像一下，你非常想去做一些事情，或是想要去某些地方，但是無論如何，卻總是找不到動力和意義，就像是坐上了駕駛座，卻發動不了的汽車一樣。這種感覺彷彿身上背負著一塊非常沉重的石頭，有時又像指尖繞著一個非常輕

的氣球。

　　憂鬱就像一個很重的槓鈴，它以你的器官為起點，然後慢慢加強力道。最初它很小，卻一點一點變得越來越大，它墜入你的胃裡，壓在你的心臟上，讓你越來越沉重，從而難以去應對，最後變成了無法承受的負擔。

　　當一個人被憂鬱症纏繞時，我們對外界的事物就會逐漸變得麻木，平時妙趣橫生的事情，開始變得不再有趣，生活也不再那麼吸引人。我們的食欲會發生改變，產生自卑或者極度的罪惡感，開始嗜睡或者失眠、無法集中注意力、焦躁或遲鈍、渾身乏力，甚至反覆產生輕生的念頭。

　　除去外界的突發因素，很多時候，人們會「無緣無故」地得到憂鬱症。表面上，他們過著令人豔羨的生活，有和睦的家庭、高薪的工作，然而事實上，他們卻在光鮮亮麗的面具下痛苦地掙扎著。

　　每天早上，他們甚至無法起床，即使親友都如往常一樣歡聲笑語，但是孤獨感卻依舊莫名地襲來；工作縱然受到認可，可是卻失去了奮鬥的動力。這也是為什麼那麼多成功人士，會突然選擇結束自己生命的原因之一。

　　著名作家奈德‧維齊尼（Ned Vizzini）就描述過這種感受：「我不想起床，我在睡著的時候感覺更好。但是令人傷感的是，這就像是反向的噩夢，當你從噩夢中醒來，你會感

到如釋重負，而對於我來說，我醒來後就進入了噩夢。」

不僅如此，由於憂鬱症是心理或精神疾病，患者往往無法得到與其他疾病同等的治療待遇。做為一種醫學上的情緒障礙，它沒有辦法像大部分人所認為的那樣，「心情不好而已，出去散散心，多交朋友，靠自己的意志來改變就好了」。殊不知這種不被理解，經常會造成二次傷害。

除了生理及心理上的症狀外，憂鬱症還會引起一些大腦上的臨床變化。有些變化可以透過腦成像技術觀察到，其中包括大腦結構上，如前額葉、海馬迴的萎縮。

從更微觀的角度來講，憂鬱症與以下幾點有關：以血清素、正腎上腺素和多巴胺為主，某些神經傳導物質的異常傳遞與消耗，引起生理時鐘節奏混亂，或是睡眠狀況的明顯變化，以及荷爾蒙紊亂，例如皮質醇異常等。

普通人平時若是有一天睡眠不佳，第二天也會情緒不良、無精打采，可想而知，憂鬱症患者在長期睡眠品質低落的情況下，生活有多麼的痛苦。

時至今日，心理學家們始終未能完美闡釋憂鬱症產生的原因，目前也還沒有有效的方法，來準確判斷這種症狀具體的發生機制。而且，由於憂鬱症的病症發生於無形，以及其所帶來的自卑感，我們很難發現那些正飽受憂鬱症困擾的人。這也是為什麼很多時候，在我們外人看來如此正常健康

的人，會突然選擇結束自己的生命。

有資料顯示，平均每一位精神疾病的患者，需要花至少 10 年的時間，去尋求專業的幫助，因為告訴別人「我牙疼」，要遠遠比告訴別人「我心疼」來得簡單。

對於飽受憂鬱困擾的人來說，邁出這第一步尤為艱難，因為往往會有罪惡感或羞恥感。我們需要明白，憂鬱症是一種醫學疾病，就像哮喘或糖尿病一樣常見，憂鬱並不能成為他們的弱點或人格缺失。

另外，我們不能只靠自己硬撐，來克服這個疾病，因為這並不像傷筋動骨一樣，是可以自癒的病症。

職場中的憂鬱

「你心情不好而已，為什麼就想不工作？」、「你怎麼老是拿自己的心情不好做藉口？」、「別人生病了都堅持上班，你心情不好就想請假？」……，這些都是憂鬱患者經常聽到的話語，當人們並未真正瞭解什麼是憂鬱時，便會妄下論斷。

一項研究顯示，大約有 6% 的工作者，都遭受過憂鬱症

的困擾。而憂鬱帶來的財政負擔也非常大，僅僅是 2003 年一年，美國就因為憂鬱而產生了 440 億美元的財政損失。

因此，職場中的憂鬱越來越為人所重視。由於憂鬱，很多工作者都會受到潛在的「歧視」，最為常見的，就是在求職中遭拒，或是在辦公室中成為「局外人」，而讓他們心情更加壓抑，並且形成惡性循環，導致病情的加重。

大部分時候，我們的關注點都集中在憂鬱會帶來的各種職場歧視現象，但往往會忽略另外一點，那就是很多人是在工作後才出現憂鬱或其他心理疾病的。

比如性別帶來的歧視，女性受到從業機會的要求和限制，而且得到的薪水也較低。很多研究都發現，這種歧視行為與受歧視者的憂鬱情緒密切相關，簡單來說，就是職場的歧視引起憂鬱，憂鬱引發新的歧視，繼而加重憂鬱，日復一日。

這種歧視以及工作上的壓力，不僅會在心理上，也會在生理上給患者帶來嚴重的影響，不僅會有憂鬱情緒，焦慮情緒也會出現得很頻繁。很多研究同時顯示，長期受到歧視也會引發心血管疾病或各種生理上的健康問題，如果是孕婦，還會影響到新生兒的出生體重和健康情況。

另外，有一個影響巨大，卻很難被人意識到的歧視現象，那就是當有憂鬱情緒或者憂鬱症的工作人員想要請假，

或者休養一段時間時，基本上都不會被批准。因為很多單位，尤其是私人企業的人資部門，根本不會認為「憂鬱」是一種需要休息或者治療的疾病，而很多患者也會擔心受到歧視和排擠，不會以「憂鬱」為由去請假。

即使是全世界最頂尖的 NBA 球星，他們做著自己最愛的事，賺著別人幾輩子都花不完的錢，但也會深受憂鬱困擾而不被理解，甚至還承受著網路上各鍵盤俠們的批判。

比如邁阿密熱火隊的全明星大前鋒凱文・洛夫（Kevin Love）的驚恐障礙，在發作離場後還在更衣室被隊友指責；另外，芝加哥公牛隊球星德瑪爾・德羅展（DeMar DeRozan）亦深受憂鬱的困擾，做為當家球星，還一直承受著外人的冷嘲熱諷，只因競技體育勝者為王。

他曾這樣說道：「無論我們看起來多麼無堅不摧，到頭來，我們都是人，我們都會有感覺，有時候，那會擊敗你，彷彿整個世界的重量都壓在你身上。」

耀眼的明星尚且如此，何況是普通人呢？

應對憂鬱的陰雲

當憂鬱襲來時，千萬不要放棄生活，而要盡可能地利用社交，增強我們的積極情緒來對抗它，即使我們內心非常排斥社交。

只要記住一點：這種感受只是憂鬱給大腦施加的誤導。時時與自己的親友保持接觸和連結，會使我們在對抗憂鬱的時候，擁有更堅強的後盾。

運動與飲食也是非常關鍵的一環，因為運動能激發我們的大腦分泌有益的神經遞質。如果沒有時間，哪怕只是每天走路 20 分鐘，也是極為有效的。

除此之外，配合合理的飲食，等於是給我們應敵的大腦提供了充分的補給。

在憂鬱掌控我們的時候，盡量不要去逃避那些讓我們感到困難的事情，因為當我們開始逃避時，就會漸漸地把自己與外面的世界隔絕開來。當出現了這種逃避的徵兆，試著勇敢地去面對這些困境。

在內心承受痛楚時，不要放開對自己的約束。很多人會藉酒消愁，去填補自己空虛的內心，消磨難以承受的時間。但是可想而知，酒精並不能解決根本問題，反而會平

添煩惱。

　　當然，當憂鬱嚴重影響到生活和工作時，要及時去尋求專業人士的幫助。記住，心理疾病，如憂鬱、焦慮，就像是病毒性感冒一樣，需要藥物來進行針對性的殺毒，才能獲得真正的康復。

　　在藥物治療的同時，心理療法（如認知行為療法）能幫助我們改善心境，更能應對情緒問題。

「蓮花生長於汙泥之中，卻是最美麗的花朵，花瓣一片接一片地展開。為了得到成長、獲得智慧，首先你必須要有你自己的泥潭──生活的阻礙以及它施加於你的痛苦。」

──歌蒂‧韓（Goldie Hawn）

PART 5

如何增強對負面情緒的免疫力

- ◆ 運動，大腦的保護傘
- ◆ 食物與情緒的關聯
- ◆ 睡眠不足讓大腦當機

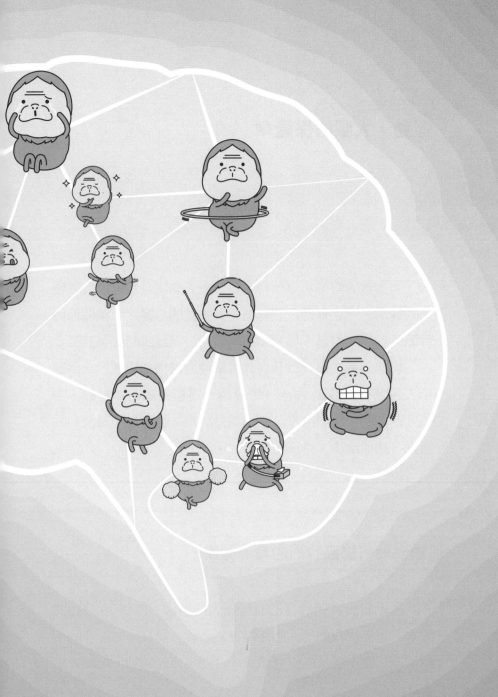

運動，大腦的保護傘

　　有無數的答案可以解釋，為什麼運動對身體健康有著極大的好處——它幫助我們擁有一個強健的心臟，增強關節與骨骼的韌性。但是，你知道運動還對心理健康同樣有益嗎？

　　目前大量的研究以及各大專業健康機構都建議，一個成年人每週需要運動 75 至 150 分鐘，這種運動可以是輕、中強度的運動，比如散步、登山或是騎車，也可以是更激烈的活動，比如跑步、游泳、攀岩……等。

運動如何提高我們的身心健康？

　　運動對於我們的身心有著極大的益處，僅僅 10 分鐘的散步，也能使我們的大腦變得更為敏銳，並且擁有更多的積極情緒。數不勝數的研究證實，合理規律的運動，能減少焦

慮以及憂鬱情緒的產生。甚至有研究發現，有時候運動帶來的降低抑鬱的效果，甚至比藥物更好。

在上百萬年的人類歷史中，我們進化出了「對抗或者逃跑」的模式，來應對危險世界中出現的壓力，而隨著時代的改變，壓力也漸漸從生命威脅轉變成了心理負擔。每當我們接受新的工作或學習任務時，遠古的逃跑模式失去了作用，但是大腦卻並沒有意識到壓力與負面情緒，它仍然在呼喊「對抗」或是「逃跑」。

我們的理智停止了大腦的偏激行為，但這就像是給開足馬力的汽車拉上手剎車，往往令人身心俱疲。這時，運動就成了這個矛盾之間的潤滑油，使我們能從「對抗或者逃跑」模式中解脫出來。

當我們遇到壓力，產生負面情緒時，我們的身體會釋放不少「負面」荷爾蒙、皮質醇，或者腎上腺激素會升高，這時便會出現激動反應，比如心慌、煩躁、疲憊等。然而在運動時，我們的身體也會分泌類似的荷爾蒙，有規律的運動，能讓我們身體中的壓力系統，學會如何在這些搗蛋的荷爾蒙出現時進行應對。

當我們被壓力等負面情緒所籠罩時，即使是短時間的運動，比如跑跳 10 分鐘，也能減輕身體裡極大的壓力。

2013 年，普林斯頓大學的心理學家們就發現，當實驗

小白鼠有規律地運動時，相較於其他長期不動的白鼠，這些運動白鼠們大腦裡的情緒控制系統得到了增強，並且會分泌對平復情緒極有幫助的 GABA（γ-氨基丁酸），這表現出了運動對於控制情緒的重要作用。

運動影響情緒

直至今日，運動對於身心健康帶來的增益，已經被學術界普遍認可。2005 年，心理學家們招募了一群受測者，讓他們進行一段時間的運動（比如伸展、散步等），或是靜態活動（如看書、看電視等），並且要求他們在活動結束後，立即對自己的情緒進行打分數。

結果發現，相較於靜態活動，運動能帶來更好的精神狀態，使人的心境更為平和與舒適，並且對於提高情緒有著更明顯的效果。

當負面情緒襲來，身體感受到威脅以致影響到內在平衡時，我們的自我防禦機制就開啟了壓力對應程式，在生理上感受到不適，從而導致行為產生變化，其中最為明顯的症狀，就是睡眠不好、食欲不振。腎上腺素升高，使得我們的

血壓升高、心跳加快，身體變得更容易出汗。這些看似不必要，但這是為了在危險來臨時，我們為了生存而深深印刻在基因裡的本能。

另一方面，它們也可以降低我們的血流速度，減緩消化系統的運作，在這時皮質醇會將糖分和脂肪，注入我們的對應系統中，來增強我們「對抗或者逃跑」時的行動力。這也是為什麼有時候在長期壓力下，有的人會因為睡眠、食欲等問題日漸消瘦，而另一些人卻會發福。

在心理學中，自尊是衡量心理健康和抗壓能力的一個重要指標，它意味著我們如何看待自己，以及如何衡量自身的價值。無論男女老幼，長期進行有規律的運動，不僅能緩解壓力與焦慮，還能增強我們的自信，從而為大腦加上一層保護罩，間接避免被負面情緒或是心理疾病侵襲。

隨著年齡的增長，很多時候，我們都會覺得大腦沒有年輕時那麼靈敏了，尤其是記憶力的下降最為明顯。而運動就被認為是一個大腦認知功能的保護傘，能減緩我們認知能力（比如記憶、理解、邏輯能力等）的下降，能將我們得到憂鬱或是失智的機率降低 20% － 30%。

獎勵大腦最好的方式就是**做運動**。舊的觀點認為，在我們出生後，腦中的神經元總數就不變了，因而隨著年齡的增長，神經元的死亡，導致了大腦認知能力的下降。後來神

經學家們發現，大腦某些特定區域每天都會有新的神經元產生，海馬迴就是這些特定區域之一，我們在前文提到過，它對學習新事物以及記憶至關重要。

科學家們發現，實驗小白鼠在學習時會運用新的神經元，這些新的神經元能幫助新事物的學習，新的學習經歷能幫助它們存活下來，如果長期不動腦，這些神經元也就會報廢。

有趣的是，做運動也可以幫助新神經元存活，增大海馬迴的體積。所以若想要學習更上一層樓，持續運動比市場上的任何藥物都更有效。

在臨床心理治療中，運動也常常被臨床心理醫師們做為藥物與心理諮詢的輔助治療方案來推薦給患者。總的來說，運動沒有藥物的副作用、沒有去醫院的困擾，並且花費極少，可謂是百利而無一害。在被負面情緒輕度困擾時，運動往往是最好的選擇。

應該用什麼頻率運動好呢？

大部分研究都給出了一個簡要指南，大約每週兩個半小時的運動量最為合適，即每星期三到五天，每次 30 到 60 分鐘的運動，最能幫助我們產生積極情緒。然而按照這個標準，大部分的人都無法達到所需的運動量，以英國為例，在 2015 年的全國性調查中發現，只有約 65％的男性以及 54％的女性，達到了建議的運動標準。

萬事開頭難，規律運動要從何開始呢？將渴望提高自己身心健康的目的先放在一邊，除此之外，還有什麼原因促使我們從舒適的房間裡走出去進行運動呢？

試問一下，你更喜歡室內還是室外活動？個人還是團體活動？或者是一項全新的運動？如果體育類運動實在不是你想要的，那麼請記住，即便是走路、散步、超慢跑等也是一種運動方式。此外，結伴同行也是不錯的選擇，因為一開始自己很容易就會放棄，而夥伴的存在，會讓彼此有督促的作用，在運動過程中，我們可以提升目標，獲得進步。

大部分的人都有自己的舒適圈，當幾十年的生活成為習慣後，突然要你每天抽出 1 個小時，去健身房讓自己的身體接受「鞭笞」，顯然是非常困難的一件事。我們一開始會

對此感到焦慮，害怕受傷、害怕失敗，即使是天氣太冷或太熱，也能成為我們不去運動的藉口。

然而在一眾干擾的原因中，最為明顯的就是對自己體型的不夠自信。我們會對自己的體型感到焦慮，擔心自己去了健身房會成為其他人的笑柄，這也是為什麼結伴能提高我們效率的原因。

夥伴的鼓勵，是我們邁出第一步的重要因素，即使是在陌生的環境下，夥伴也能幫助我們緩解焦慮感。對於女性來說，參加女性專屬的團體運動項目，也能減少對自己身材的焦慮感。

最終，當我們習慣了有規律的運動，就會像是每天需要刷牙、洗澡一樣，當某天我們因故沒去運動，身體反而會覺得不對勁，彷彿沒洗漱就出門一般。

「只有運動才能支撐我們的靈魂，讓我們的大腦時刻充滿活力。」

——馬庫斯・西塞羅（Marcus Cicero）

食物與情緒的關聯

　　想像一下，我們的大腦無時無刻都處在「開機」狀態，監控著我們的思緒與行為、呼吸與心跳，它決定著我們對世界的感知，即使睡覺時也在勤勤懇懇地工作。這意味著大腦需要持續不斷的能量補給，而這些能量，自然就來自我們每天攝取的食物。我們習以為常的食譜，也會直接影響這個「發動機」，最終，影響我們的情緒。

　　就像是昂貴的汽車發動機一樣，只有在優質「機油」的供能下，大腦才能達到最大的功率。正如我們所知道的，富含維生素、礦物質、抗氧化成分的食物，才能讓我們身心健康，防止被身體氧化過程中代謝的「廢物」所侵害。

　　同樣的，當大腦攝取劣質的「機油」，它就會受到損害，比如影響身體對於胰島素的調節，而胰島素是控制血糖平衡的關鍵激素。現代社會中充斥著過度加工的食物，像各種速食食品，比如餅乾、麵包、糖果，其中還充斥著各種食品工業中的「抗生素」，即各種添加劑與防腐劑，如乳化

劑、人工甜味劑、色素等。

　　當我們充滿享受地將這些食物填進肚子裡後，壓力信號就會由腸胃透過迷走神經以及腸道至大腦間的通路，向大腦進行「抗議」，在我們意識不到的情況下，引發相關的情緒問題。

　　無數的研究也已證明，攝取這類高糖的加工食物，會損害大腦的認知功能，加劇情緒問題，比如憂鬱、焦慮等。2011 年，美國科學家們花了 4 年時間，追蹤調查了 255 名受測者，發現那些飲食中缺乏必要營養、而且食譜不健康的人，海馬迴出現了萎縮。

　　當我們坐在速食店以暫時積極的快樂情緒，享受著碳酸飲料和炸雞時，我們的身體與大腦，實際上卻是在以負面情緒消化吸收這些垃圾食品。

食物如何影響情緒

　　血清素是一個非常重要的神經遞質，它在我們身體調節睡眠、食欲、情緒等過程中起著至關重要的作用。體內的血清素從哪兒來呢？ 95％的血清素源自於我們的胃腸系統，

這個系統與無數的神經細胞連結，因此，我們消化系統的任務，並不僅僅是幫身體加工每天攝取的食物那麼簡單，它還會調節我們的情緒。

我們經常在廣告中聽到各種與腸道菌群相關的宣傳，即使產品可能名不副實，但是腸道菌群的作用，卻是確實存在的。腸道菌群與我們的免疫系統緊密結合在一起，優質的食物，能哺育億萬數量的「好」細菌，教育以及訓練我們的免疫系統，生成調節性 T 細胞，建成我們免疫系統的屏障，防止被毒素或是「壞」細菌趁虛而入。同時加強我們對於食物營養成分的吸收，還直接啟動我們大腦與腸道間的神經通路，告訴大腦我們應該產生什麼樣的情緒。

有研究發現，那些長期攝取益生菌的人群，焦慮、壓力和精神健康狀態，都比不攝取益生菌的人群要好。地中海飲食或者是日式飲食，是世界各國食譜中最為健康的，因為這些食譜中，有著充足的魚類以及蔬果，這使得這類人群的憂鬱機率要比其他人低 25％到 35％。

除此之外，對於憂鬱症患者，這類的健康食譜，還有預防憂鬱復發的作用。

什麼食物是大腦補品？

一提到食補與大腦，做為中國人，我們的第一反應就會想到核桃。接下來，我們來看看科學家們研究出來的結果，與我們想像的有什麼不同。

有科學家專門針對這個部分，分析了超過 160 篇關於食物對大腦影響的研究報告，總結了到底什麼類型或者包含什麼營養的食物，對我們的大腦最有益。

比較典型的有益營養素，有 omega-3 脂肪酸、維生素 B、維生素 D、鋅等。由於各種文章或者健康養生節目的宣傳，omega-3 脂肪酸最為我們所熟知，它能調節神經遞質（比如正腎上腺素、血清素、多巴胺）的再攝取過程，促進神經受體的連結，還有抗炎、增強細胞膜流質、幫助腦源性神經營養因素生成等功能。

大量的臨床研究證明，omega-3 脂肪酸對於心理疾病的治療與預防，同樣有積極的作用。

鮭魚、堅果和奇異果，由於含有大量的 omega-3 脂肪酸，因此成了食物大家族中的佼佼者，可見我們常說的多吃核桃補腦，是有一定道理的。

歐洲的一項大型研究還發現，堅果這種高營養價值的食

物，除了能保護大腦免受負面情緒困擾外，還有著預防第二型糖尿病的作用。很多生活在沿海地區的長輩，教導小孩多吃魚變聰明，也是有它的理論依據的。

很多對照研究還發現，食譜中包含較多 omega-3 脂肪酸的小孩，在學校的表現也更好。比如澳大利亞的科學家招募了 396 個 6 至 12 歲的學生，給他們提供包含 omega-3 脂肪酸以及其他微量元素和維生素（比如鐵、維生素等）的機能性飲料，然後分別在 6 個月和 12 個月的時候，對他們進行語言能力、記憶力的測試。

結果顯示，這些得到機能性飲料的學生的成績，要比沒喝機能性飲料的學生更好。同理，對於青少年來說，不健康的飲食，尤其是各種糖類以及高熱、高油的速食，會損害身體以及心理健康。

在大部分的人心裡，往往覺得維生素 B 與視力息息相關，其實它還有另一個重要的身分，即它是使神經元發揮功能的必要元素。

很多研究都發現，在憂鬱症患者中，對於抗憂鬱藥物反應不良的人群，往往都有缺乏維生素 B9 的症狀。而維生素 D 則是一種神經類固醇，缺乏維生素 D 會增加憂鬱以及精神疾病的風險。

蔬果也是大腦需要的重要補品之一，因為它們能提供優

質的天然食物纖維以及各種營養素。當我們的身體對蔬果大快朵頤時，身體裡億萬的「員工們」開心工作，生成很多極具價值的元素，比如短鏈脂肪酸，它能自由穿梭於大腦與血管之間，還能在身體各種通路中傳遞資訊，告訴大腦即時的身體狀況與需求。

每天攝取適量的蔬果，就像是用食物纖維來維護或升級身體裡的網路頻寬一樣。

那麼我們就會想，既然如此，每天吃一些保健食品膠囊是不是就省時省力了？其實不然，這些營養成分從食物中直接攝取是最有效的，而且保健食品魚龍混雜，大部分的產品不能保證其品質和安全，因此，往往只能當成安慰劑的作用。

其次，包含這些營養的食物都較清淡、不油膩，不會影響食欲，很容易在日常生活中攝取。由此可見，我們更沒有理由拋棄天然食物，去選擇加工過的藥丸來獲取營養了。

魚類是名副其實的大腦貢品，而在各類的水果中，藍莓的營養成分和超強的抗氧化特性，對大腦也都有極大的助益。有研究發現，那些食譜中包含藍莓的年老的實驗白老鼠，牠們的學習和肌肉功能，幾乎與年輕的白老鼠相同。

從今天起，開始關注自己每天攝取的食物吧！因為這不僅僅是你生理活動的能源，還影響著你的思維以及情緒。試

一試將加工及高糖高熱的食物，從每日的食物清單中剔除，給腸道系統及大腦減輕負擔，堅持 2 到 4 個星期，看看自己的情緒會不會發生什麼變化。

5 個提高身體健康的飲食小技巧

1. 每次出去吃飯時，試試新菜色，這能使我們的食譜多樣化，吸收更多不同的養分。

2. 採購食物時，試著多買新的食材，比如經常嘗試以前沒吃過的蔬果。

3. 每天不要吃得過多，留出 12 小時的無食物時段，比如晚上 6 點吃飯，那麼到明早 6 點前的這 12 個小時中，不要再進食。研究證明，這種方式，甚至是間歇性斷食，對身體的健康更有益。

    最近在《新英格蘭醫學期刊》（The New England Journal of Medicine）上，就發表了一篇相關的研究，指出在 8 小時內進食，然後禁食 16 小時的話（即「168 間歇性斷食法」），能加強人體的新陳代謝功能，增強對負面情緒的抵抗力，以及降低肥

胖、癌症的患病機率，延長壽命。

當然，這個領域的研究仍待考證，適合自己的飲食習慣才是最好的。

4. 盡量少吃零食，因為每隔一小段時間就進食，代表著我們腸道裡的員工們，時時刻刻都得進行工作，得不到休息。

5. 避免食用過度加工的食品以及甜食，因為它們是腸道菌群的毒藥。

睡眠不足讓大腦當機

　　與飲食一樣，睡眠與我們的心理健康也有著密切的關係。缺乏睡眠不僅會嚴重影響我們日常的狀態，還會引起情緒上的波動，比如憂鬱、焦慮，這也是為什麼心理疾病患者（尤其是憂鬱症患者）通常都有睡眠問題的原因。

　　睡眠問題不僅是心理疾病的症狀之一，而且越來越多的研究指出，睡眠問題還是我們發展出心理疾病的重要原因，且還與肥胖、心血管問題息息相關。

　　由於電子產品以及網路的發展進步，晚睡逐漸成了現代人習以為常的習慣，臥室中充滿著影響睡眠的干擾源，比如手機往往是失眠的最大幫凶。同時，當我們遇到非常繁重的作業或者工作任務的時候，如果時間來不及，我們唯一的選擇就是熬夜。

　　但是除去一小部分特例外，大多數的情況下，我們熬夜的效率都異常低下，不僅容易導致第二天精神不振，而且熬夜做出來的成果，往往也都不盡如人意。

睡眠如何影響大腦認知

　　一群德國的科學家，為前面的睡眠重要性理論提供了一個非常典型的例子。他們發現在小白鼠睡覺的時候，牠們海馬迴裡一些特定的細胞仍然在活動。

　　但是這些神經元細胞，並不像我們之前提到的那樣普通地啟動，相反的，它們產生的信號在睡眠過程中，以相反的路徑進行傳輸，就像是汽車在路上逆向而行一般。

　　我們都知道，海馬迴與我們的記憶息息相關，所以從前面提到睡眠能影響記憶力的理論來看，我們就不難發現，即使在睡覺的時候，我們大腦仍然在緊鑼密鼓地運作，神經元與神經元之間，仍然在相互傳輸資訊，慢慢地就會形成我們說的「高速通道」。

　　那麼，為什麼睡覺的時候細胞的信號是反向傳輸呢？因為反向傳輸的方式，能讓這個神經元對它周圍的敏感度降低，就不容易被周圍神經元的信號影響，這樣就給了神經元一個充電休息的機會，就像是我們在嘈雜環境裡睡覺，喜歡用眼罩、耳塞來阻隔外面的干擾一樣。

　　另外，最容易在睡眠中產生反向傳輸資訊的神經元，通常都是那些剛學到新知識的神經元。第二天，當這些神經元

被刺激時，它們啟動的程度遠超於之前，資訊傳輸效率也更高。就像是一條潛在的路，平時我們用步行踩踏，路就會慢慢形成，而對於這些與新知識相連結的神經元路徑來說，第二天的刺激，就像是我們用車替代步行一樣，那條路形成的速度更快就顯而易見了。

我們用邏輯串連一下的話不難發現，這不僅說明了睡眠的重要性，還說明了複習的重要性和合理性。所以老師常常要學生們多複習，是有其理論依據的。當習慣養成的話，往往會形成事半功倍的效果，這也是那些學習軟體和網站，都帶有複習功能的原因之一。

神經膠質細胞還有一個非常重要的作用，就是清除我們大腦裡的「殘片」，消化部分已死亡的神經元，這就跟我們的睡眠息息相關了。

絕對的清醒，會讓我們的大腦產生有毒的物質，大腦如何除掉這些有毒物質呢？原來，當人們在睡覺的時候，大腦細胞會收縮，從而增加腦內細胞之間的距離，這就像疏通了一條溪流，液體會在細胞的空隙間流過，沖走有毒的物質。

所以，睡覺這件事有時候看起來像是浪費時間，實際上是大腦保持清潔和健康的一種方式。就像我們以前使用舊電腦需要清理磁碟碎片、關機重啟一樣，否則就會越來越卡頓，越來越遲緩。

在睡眠不足的情況下，進行日常學習與工作，意味著我們的大腦一直處於工作狀態，以致越來越多的代謝毒素殘留在大腦之中。而這些有毒物質會讓大腦的思維混亂，彷彿嘗試駕駛一輛油缸裡混著沙礫的汽車，即使能強行開動，對自身的損傷也是極其巨大的。

睡眠缺乏如何影響我們的情緒？

每隔 90 分鐘左右，我們的睡眠會在兩個主要睡眠類別中進行切換。在「靜態」的睡眠過程中，我們會經歷 4 個過程，達到深度睡眠：體溫降低、肌肉放鬆、心跳以及呼吸放緩；到了深度睡眠階段，我們的身體開始出現生理變化（修復發育），以增強免疫系統的功能。

而在「快速動眼期睡眠階段」（rapid-eye-movement，REM），即做夢的階段，我們的生理水平，如體溫、血壓、心跳、呼吸都會發生變化，然後漸漸恢復到我們清醒時的標準。在這個階段，是我們學習以及記憶的關鍵階段，此時，大腦以一種複雜的方式，影響著我們的情緒健康。

當經歷了一個未眠的夜晚時，是否會感覺生理和心理

上都很不舒服呢？因為當我們沒有滿足身體休息的睡眠需求時，我們的大腦會用不同的方式進行抗議。

用通俗的比喻來說，睡眠不足造成的不良後果堪比酒醉，將改變我們對空間的認知以及大腦的反應速度。研究還發現，睡眠品質差的人，更容易出現逃避社交的傾向，同時也更容易出現被他人忽視或避開的情況。

那麼，我們每天接收各種各樣的情感資訊，並對其做出反應時，會不會也受到缺乏睡眠的影響呢？答案是肯定的，因為缺乏優質的睡眠，將會直接影響到我們身體裡的神經遞質，以及壓力荷爾蒙的多寡。就像是大腦裡的監獄，由於高負荷運作疏於看守，導致暴亂分子逃出去，破壞我們的思考以及情緒控制的能力。

瑞典著名的卡羅林斯卡學院（Karolinska Institutet），心理學家們就進行了一系列研究來回答這個問題，並且發表在《自然》期刊上。簡單來說，睡眠不足會讓我們變得更為負面，影響我們看待事物以及與他人交往的方式，進而使我們更容易接收那些負面的情緒資訊。與此同時，睡眠不足會讓人更易情緒不佳，並且更難控制自己的情緒，擾亂我們的同理能力。有趣的是，由於我們經常因為工作熬夜而導致睡眠不足，選擇在週末補眠，但是研究發現，這種補眠並不能平衡之前睡眠缺乏所導致的負面影響。

獲得更好的睡眠

◆ 生活方式的改變

很多人都認為，咖啡因以及茶會造成失眠，但事實上，酒精以及尼古丁也是如此。雖然酒精在最初階段會抑制我們的神經系統，有些微助眠的效果，但是往往在幾小時內就會失效，導致我們甦醒，帶來低品質的睡眠。

尼古丁則更為明顯，因為它是一種刺激性物質，能加速心跳以及思維運轉。因此，避免這些物質的攝取是非常重要的，如果可以的話，徹底戒除自然是最佳選擇。

◆ 每天感受日光

如前文所提到的那樣，合理規律的運動，能有效幫助我們更快入眠，並且獲得更多的深度睡眠，在睡眠過程中更少醒來，進而保證我們的睡眠品質。

每天至少花 20 分鐘在室外感受日光，即使天氣陰沉，我們的身體在室外所獲得的光照，仍然遠大於室內。這種自然光照，便會成為我們大腦內掌控生理時鐘的部門——視交叉上核（suprachiasmatic nucleus, SCN）的養分，使得我們擁

有更為健康的規律作息。

　　2014 年的一篇研究發現，那些每天接收更多日照的人，擁有更良好的身體健康狀況。在 2016 年，科學家們進行了一項有趣的觀察性研究，研究者追蹤了超過 30,000 名女性，結果發現，那些吸菸同時還接收大量日照的女性，死亡率與那些不吸菸、但卻很少接收光照的女性相似，可見日照對身心健康的重要性。

◆ 良好的睡眠習慣

　　良好的睡眠習慣，意指保持著良好的睡眠規律，按時入睡、按時起床，並且讓臥室盡量保持單一功能（如睡眠、夫妻生活等），同時減少干擾源（如電腦、電視、手機、平板等）。

　　保持臥室的舒適以及昏暗，因為昏暗代表著大自然告訴我們的大腦：「天黑了，該睡覺了。」即使我們意識不到，但其實每個人都有著極其規律並且複雜運行著的生理時鐘。

　　不僅睡眠如此，我們的肝腎、血壓，各種激素如胰島素、褪黑激素、瘦蛋白的生成，都有著自己的規律，這些所有的元素，構成了一個和諧平衡的身心環境。

　　天黑時，身體便會產生褪黑激素來促進睡眠，而這時手機螢幕的亮起，往往使得大腦以及身體為了我們入睡所做的

努力前功盡棄，視交叉上核就會非常生氣，進而像「蝴蝶效應」一樣，影響我們之後的作息規律以及日常行為。

近年越來越多的研究發現，手機等電子產品所釋放出來的藍光，與人們的睡眠以及情緒問題，有著顯著的連結。

午睡也是一個良好的習慣，美國國家航空暨太空總署（NASA）就發現，太空員在午睡之後，大腦的認知水平提升了 80％以上，還有研究發現，午睡會使我們的心情更為快樂。

「現在我發現了做一個優秀的人的奧祕,是在空氣清晰的環境下成長、飲食,與大自然同眠。」

——華特·惠特曼(Walt Whitman)

PART 6

重塑思維方式，
實現情緒自由

◆ 沒有任何一顆腦袋有與生俱來的情緒電路

◆ 如果順著大腦的意願，會發生什麼事呢？

◆ 所有情緒都有自己的位置

沒有任何一顆腦袋有與生俱來的情緒電路

　　在一般情況下，我們都會覺得情緒是天生的，或是由外面的世界「輸入」大腦裡的，大腦裡天生就有「情緒電路」。然而事實上並非如此，地球上沒有任何一顆腦袋裡含有情緒電路。那麼情緒到底是什麼呢？

　　簡單來說，情緒是我們的大腦，根據即時的情境所建立出來的猜測，這一切都歸功於大腦中幾十億個細胞的合作運行。預測是大腦協助我們接受世界上的所有資訊，並賦予其意義的有效方式，大腦根據過去的經驗來推斷他人的情緒，就像是我們閱讀紙上的文字一樣。

　　比如我們知道哭泣代表傷心，皺眉意味著不滿，那麼當我們在現實中看到這類的表情時，我們便能提前預測到對方的情緒，以及之後可能發生的事情走向。

　　在我們出生時，自帶著一些感受，比如興奮、難受、激動、平靜、疼痛……等，在我們人生中清醒著的每一刻，這些感受都與我們同在。但是這些並不能真正稱之為情緒，它

們僅僅像是一個氣壓計，將我們身體內所發生的情況表達出來而已，並沒有什麼細節資訊可言。

那麼，大腦如何獲得精密的細節資訊呢？這時就需要預測了。預測將我們身體所感受到的體驗，與身邊環境所發生的事情連結在一起，因此我們才知道該怎麼做，而這種結合的資訊，才是真正的情緒。

回想一下，童年時所感受的情緒是不是更為單純，更無憂無慮呢？原因就在於那個時期，我們並沒有足夠的經驗建立起足夠複雜的情緒網路。

當我們回到家，聞到雞湯的香味時，這時大腦就會給胃發送信號，使我們的胃開始蠕動，準備大快朵頤。如果預測正確，那麼很幸運的，提前預備好的饑餓感以及唾液，能讓我們更加有效地消化吸收美食。

但是蠕動的胃在另一個場景中，卻會有著不同的意義。當我們即將開始非常重要的演講，或是在醫院等待著診斷結果時，大腦便會產生焦慮感。此時胃攪動的感受是相同的，但是經歷卻是完全不同的。這就說明，情緒是由我們大腦結合過往的經驗所生成的。

大腦會選擇性地篩選我們接收的情緒

　　為什麼會有人反對疫苗？為什麼有那麼多一眼就能看穿的謠言，還會如此盛行？為什麼即使是高學歷的人，也會做出特別愚蠢的決定？為什麼那些受過科學教育的人，仍會有迷信的行為？

　　諾貝爾經濟學獎得主丹尼爾・康納曼（Daniel Kahnemann）在暢銷書《快思慢想》（Thinking, Fast and Slow）中就提到過，很多人之所以迷信，僅僅是因為懶得去思考而已，相信迷信遠比思考其他可能性要簡單得多。

　　另外，我們的大腦本質上一直都在尋求快樂。而相信一些不合理的偶然或是迷信，顯然就在一定程度上滿足了我們的這種需求。相反的，理性思考就顯得冰冷乏味得多，比如相信海市蜃樓是神跡，顯然比思考其光學成因有趣得多。

　　誰的大腦願意消耗腦細胞在這些無關緊要的問題上呢？這種「偏信」還能增加我們的掌控感，比如考試時穿紅色內褲可以增加考運，類似這種毫無成本的行為，顯然極能增強我們的信心。

　　在 1979 年，心理學家們招募了一群受測者，給他們看一段虛構人物──簡，在一個星期的生活故事。在這一個星

期裡，簡在某些時候是一個外向的人，而有時候又是一個內向害羞的人。在看完這個故事的幾天後，這些受測者們重新被邀請回實驗室，這時，研究者們將他們分成了兩組，詢問他們簡是否適合做某種特定的工作。

第一組受測者被詢問，簡是否適合做一個圖書管理員；而另一組則被詢問，簡是否能成為一個優秀的房產經紀人。結果發現，第一組的人在得到問題後，回憶起的是簡內向的個性和行為，而第二組受測者回想起來的，卻是簡外向的性格。

在這個問題後，這兩組受測者又被詢問，簡是否可以勝任其他的工作。然而，它們都「卡」在了最初對簡的印象中（內向或是外向），所有受測者都認為，不會有其他工作適合簡的性格。

這個簡單的實驗就很直接地說明，我們大腦很容易被誤導，陷入死胡同，從而更願意相信那些讓自己輕鬆、讓自己情緒愉快的內容。而那些需要花時間去理解、消耗腦細胞的問題，往往會給我們帶來負面的感受，自然容易被忽視。因為不管有意識還是無意識，至少在我們做決定的最初階段，很多時候，大腦都會本能地將不符合或不支持我們自己觀點的資訊篩選排除。

這也是為什麼我們經常會覺得算命、星象、塔羅牌特

別準的緣故。在日常生活中，也會出現由於長期對自拍照美顏、美肌效果，導致對自己真實形象出現偏差的例子，因為我們的大腦會花更多的時間（約 36％），去閱讀與認可那些符合自己價值觀的內容。

充滿阿 Q 精神的大腦

我們每個人都有一些自己想要改變的毛病，比如拖延、吸菸、吃甜食……等，假設你想要控制體重和健康，停止對垃圾食品的渴望，那麼你會對自己說什麼呢？

顯然，大部分人會說：「別吃了，肥豬！」

在這個過程中，我們的大腦發生了什麼事呢？我們在試著透過恐嚇來改變自己的行為時，這並不僅僅局限於我們自身，這種警告或是威脅的方式，在公眾場合中也很常見，諸如「吸菸有害健康」、「喝酒傷肝」等。

因為我們堅信，只有當人們遇到威脅時，才會開始行動，正所謂「不見棺材不落淚」。這種思路看起來非常合理，然而科學研究卻發現，這類的警語並不能給人們的行為帶來改變。比如即使香菸盒上印上了各種肺癌的可怕圖片，

也沒能阻止菸槍們購買香菸。

　　甚至有研究發現，當香菸盒上開始印上這些照片時，戒菸在菸槍心中，反而成了一種低優先順序的選項。

　　這時候問題就出現了，為什麼我們會對這些觸目驚心的警告產生免疫呢？回想一下，我們之前提過的「對抗或是逃跑」就會明白，假設有一隻小狗在對你狂吠，當你做出拿棍子去教訓牠的姿態時，牠是逃跑還是跟你撕咬呢？很顯然的，大部分的狗都會選擇逃跑。

　　人類也是如此，當我們被某些事物嚇到時，大腦通常會出現當機狀態，然後試圖驅除這些危險信號帶來的負面情緒。很自然地，大腦會試圖將這些資訊合理化，比如：「我現在身體很好，我的肺不會吸成像香菸盒上的警示圖片那樣，這些圖片都過於誇張了！」或者是「XXX 一輩子都在抽菸喝酒，人家還不是活了 100 歲！」這個合理化的思維過程，便讓我們面對警示時，不經意地變成鴕鳥，將自己的腦袋埋在地底。

　　股票市場亦是如此，一個發表於 2009 年的有趣的研究發現，當股市上揚時，股民們無時無刻不在看著自己的股票帳戶，因為這些上漲的積極資訊，會讓我們的大腦產生快樂；而當熊市來臨、股票開始無止盡下跌時，股民們便不願意再看自己的股票帳戶，誰願意每天去看自己又虧損了多

少錢呢？

這種「鴕鳥行為」帶來的後果，就是我們無法預測未來將到來的「災難」，因此當 2008 年金融危機爆發的時候，股民們再開始重新檢視自己的帳戶，卻為時已晚。

歸根結底，我們的大腦會像一個篩子一樣，選擇性地回想起符合最近所獲得資訊的內容，而忽視與這個信念相悖的部分。

我們經常會在自己的頭腦中設定一個假設，然後透過各式各樣的方式，去證明自己這個假設是正確的，而忽視了其他的因素。當我們的這個假設，在某些情況下被驗證是正確的，我們就停止了尋找最終答案的腳步。

「情緒是一個美好的僕從，卻又是一個糟糕的主人。」

——達拉斯・威拉德（Dallas Willard）

如果順著大腦的意願，會發生什麼事呢？

　　現在我們已經知道，警告是收效甚微的舉動。那麼如果順著大腦的意願來，而不是像個長輩一樣，時刻告訴它「不行」，會得到什麼效果呢？

　　我們都知道，勤洗手是最能避免疾病傳播的方法之一，在美國的一家醫院，就安裝了一個攝影鏡頭，去觀察並統計醫護人員在進入以及離開病房時，對自己雙手進行消毒的頻率。有趣的是，即使這些醫護人員知道有一個鏡頭在觀察他們，也只有 10％的人會在進入病房前以及離開病房後清潔雙手。

　　之後，醫院增加了一項措施，就是安裝了一塊電子螢幕，告訴醫護人員他們洗手的頻率如何。這樣一來，每當一個醫護人員在洗手時，他們所在班次的「洗手成績」就會上升，螢幕上會顯示當前輪班醫療組的資料，以及整週的醫護人員洗手數據。結果醫護人員的洗手自覺性暴增至 90％，一個簡簡單單的小改變，就帶來了如此巨大的資料差異。

三個小方法，改變大腦思維方式

　　第一個方法是社會激勵。在前述的實驗中，醫護人員可以看到其他人的行為以及評分，而人類做為社會性動物，自然本能地會想要與他人達到同樣優秀的標準。

　　英國政府也利用了這種方式，來讓國民準時納稅。在原本的納稅通知中，往往寫著納稅如何重要，顯然這些在人們的眼裡都是「廢話」。然而在新版本的納稅通知中，政府僅僅加了一句話——10 個英國人裡有 9 個人準時納稅，便使得人民納稅的自覺性提高了 15％，為政府帶來了 56 億英鎊的稅賦收入。因此，突出他人的行為，是非常具有激勵性的。

　　第二個方法是即時的獎勵。大腦有時候很好哄，每當醫護人員洗一次手，就會在顯示幕上看到指數的上升，這就是洗手給大腦帶來的心理獎勵。我們會透過當前的獎勵，推測出未來自己能得到更多的獎賞，不知不覺中也提高了自己的健康防護。

　　有研究發現，給予即時的獎賞，能讓菸槍們的戒菸過程更為容易。當然，不只是戒菸與獎賞相連結，運動也是如此。長此以往，這將成為一個習慣、一種生活方式。

最後一個方法，就是時時追蹤自己的進展，像是為自己的大腦安裝一個電子檢測螢幕一樣，即時回報自己的進步。無數的研究都發現，大腦對於積極的情緒資訊，有著非同一般的處理能力，而在處理負面情緒時，效率卻不盡如人意。

這就與之前的內容相互得到了印證，比如我們想要勸一個人戒菸，可以試著說：「你知道嗎？如果你試著少抽一點菸，那麼你會在你喜愛的足球比賽中發揮得更好！」而不是「吸菸會致癌，你怎麼還在吸？」我們要學會引起積極而不是負面的情緒。

當我們想要改變自己的情緒或者行為時，可以嘗試這幾個方式，因為大腦無時無刻不想要擁有對外界的掌控權。因此，當我們「欺騙」自己的大腦，給予其想要的掌控權時，漸漸地，我們的情緒以及行為也會發生變化。

走出思維盲點

如果把我們的思維信念想像成一張桌子，而相關的證據與經驗，則是支撐這張桌子的桌腳。那麼當移除桌腳後，其支撐的信念自然也會像桌子一樣散掉。

所以，當我們被負面情緒所困擾，如「今天同事們沒跟我坐一桌吃飯，是不是在排擠我？」透過質疑這個想法──「他們提早去吃飯了，當然會坐在一起，而且沒有多餘的位置給晚到的我。」

　　如此一來，很容易就能把未成形的負面想法擊碎。如果我們能粉碎負面信念、擊退負面情緒，那麼自然也能用相同的方式，尋找證據來創造積極的信念與情緒。

　　以最常見的學習為例，很多人都覺得自己學不好數學或是英語，是因為沒這個天賦，比如家裡人就沒有數學好的，是基因的問題，這就埋下了第一顆種子。在上學時，某次數學課在全班面前答題，由於一無所知感到丟臉，這時這顆種子就開始發芽。此後經常在數學考試中獲得低分，那麼這棵「數學不好」的信念樹，自此深深紮根於內心。

　　事實上，是這種負面信念以及情緒，導致了數學成績變差，而不是成績不佳引發了這些情緒。因為每次在數學考試之前，我們都在潛意識裡告訴大腦：「這次我肯定又會考砸！」這就引發了壓力以及焦慮，使我們進入了「死豬不怕開水燙」的行為模式，不再努力複習，因為內心覺得這些都是無用功，而這又進一步證明了我們的數學能力不行。

　　這個現象也稱為「自我實現預言」，久而久之，我們還會開始避免那些曾經讓我們感到快樂的活動，因為這些活

動包含著數學。這顆小小的負面信念的種子，能徹底改變我們的人生軌跡。可能有科學家的雄心，但卻因為數學望而卻步；也許想要自行創業，又因為擔心自己無法應對金融計算而半途而廢。當我們被這些負面信念和情緒所困擾時，我們的潛力也大大地被禁錮起來了。

這種思維方式，被史丹佛大學的著名心理學家卡蘿·德威克（Carol Dweck）稱為「固化思維」，即自己的成功與否，是由自己的天生能力所決定的，是固化不變的，在這種思維方式下，失敗往往就意味著負面情緒與放棄。那麼相對應的，與這種思維方式相對的，就叫作「成長性思維」。

用卡蘿自己做的一個簡單實驗，就能解釋其原理。她找了一群小孩子做為實驗對象，之後給了他們四道難題，其中三個是無解的。研究者們讓這些處於極度沮喪下的孩子休息一下，告訴他們可以再試一次。

這時出現了一個有意思的現象：那些相信解題成功與否在於自己努力程度（成長性思維）的孩子沒有放棄，繼續嘗試攻克其他的難題；而那些覺得自己能力確實如此（固化思維）的孩子，卻只會去選擇那個自己已經成功解決的問題，而不再嘗試其他的難題。

2019 年，在期刊《自然》上發表的文章就提出，失敗的確是成功之母，因為失敗會帶來更多的經驗，這樣一來才

能東山再起。如果僅僅經歷一次失敗，就因為負面情緒而放棄的話，很可能就與成功失之交臂了，從而與未來可能真正屬於自己的積極情緒漸行漸遠。

當我們相信努力才是通向成功的鑰匙時，路途上所出現的失敗及其帶來的負面情緒，便成為一種挑戰；但如果我們認為自己天生的能力才是關鍵，那麼當遇到挫折時，失敗的負面情緒會將我們壓垮，從而放棄努力。

把握當下，學會延遲滿足

延遲滿足也是我們應對負面情緒的一個重要方法，前面提到的「棉花糖實驗」，就驗證了這一點。在小時候懂得利用小技巧分散自己想吃棉花糖的欲望，在長大後同樣可以將這些方法利用到生活中的其他事物中去。

每個人都渴望即時的成功而不願意去等待，面對失敗卻恰恰相反，這也是為什麼我們需要改變思維方式，用更宏觀的角度看問題的原因。

這種現象在我們的學習工作過程中最為常見，因為過於漫長的學習曲線以及高頻率的挫折，會使我們將努力學習

的過程，看成是一種煩惱或者無意義的努力，進而引發負面情緒。

　　然而，我們需要注重的是過程而不是結果。當我們想要某個東西時，往往會選擇克制自己的欲望，慢慢存錢，在獲得的時候才會特別快樂。然而信用卡的出現，則讓我們不用花費任何代價，就能先得到想要的東西，在月底帳單到來的時候，反而會因為這個夢寐以求的東西帶來的結果而感到苦惱，毫無幸福感可言。

　　我們學習的過程往往枯燥無味且充斥著失敗，需要等待很久才能獲得成功，如同籃球之神麥克・喬丹（Michael Jordan）所說：「在我的職業生涯中，超過 9000 次投球失敗，輸了近 300 場比賽。因為隊友的信任，我有 26 次去投致勝一球，但失敗了，在我的一生中失敗總是一個接一個……我接受失敗，但拒絕放棄，這就是我為什麼會取得成功的原因。」

　　很多時候，負面情緒是由於我們自己對於未來失敗的預期而製造出來的，深吸一口氣，與情緒為伴而不是進行對抗，對自己負責，接受失敗的存在，才能不被情緒所控制，擁有更加彈性、更強大的健康情緒。

所有情緒都有自己的位置

負面情緒是友好的信使

　　就像本書不斷所想要表達的，我們有無數的選擇和方法去控制情緒，但是最容易操作的一個方式，就是與情緒為友，不放任自流，不因為它們而影響自己的行事方式。

　　當然，心理學家們、媒體、我們自己甚至是本書，對用二分法簡單將情緒分為兩類都負有責任，情緒在本質上並非只有「好」與「壞」兩種屬性。

　　換句話說，想像一下學生生涯，我們可能會因為家長告訴我們「不要跟壞孩子玩」，而逃避有著「壞孩子」標籤的同學，附和有著「好孩子」標籤的同學。但是隨著我們年齡的增長，逐漸發現那些壞孩子也有非常多的優點，而好孩子也有著自己的缺點，並不是每個人都非黑即白。

　　情緒也是如此。

情緒也並非隨機地拜訪我們，每一種情緒都有其獨特的目的。就如葡萄牙裔美國神經科學家安東尼奧‧達馬西奧（António Damásio）所提出的那樣：「情緒是人類神經系統的功能表現。」

　　情緒是人類經過上百萬年的進化，根據經驗所總結出對外界資訊的反應，來確保自己的行為符合自己所處的社會環境，以保證自己的生存。

　　無恥的人無法感受到自己的舉止是令人不齒的，他們可以做出更惡劣的行為，甚至因此失去他們所擁有的一切。做事魯莽、不經大腦的人，並不能得到他們想要的尊重，甚至可能在成年前，就失去了自己的生命。此時，羞愧、恐懼等負面情緒，反而是我們的救星，讓我們避免危險和不合社會價值觀的行為。

　　設想一個生活中最常見的場景，當我們要室友或家人收拾雜亂的房間時，我們得到的回應通常是「知道了」。結果三個小時過去後，室友或家人仍將自己埋在手機或是電腦螢幕前，那麼在這個時候，每當路過房間看到雜亂的景象時，我們便會產生煩躁的情緒，但是還是會盡力將快要爆發的情緒壓抑在心底。

　　不過，最終這些情緒即使不在整理房間的最後通牒時發洩，也會在其他小事中發洩出來。這種情況可能顯得「很小

氣」，但我們無法去責怪情緒，因為是我們自己沒有讓它們自由釋放。

美國心理學家卡拉・麥克拉倫（Karla McLaren）說過：「幸福快樂並不會告訴你什麼時候是危險的，只有恐懼能做到；憤怒並不會告訴你有時生命中會有些許不如意，而悲傷可以；平靜無法告訴你是否欠缺準備，而焦慮可以。」

如此看來，如果將情緒簡單的一分為二，就像是將箱子裡的工具分成兩份，只堅持使用那幾樣「好」工具，而將剩下的打入冷宮，顯然這會大大降低我們的「人生效率」。

雖然將情緒簡單分成好與壞兩大類，能促進我們對其的瞭解，但是我們卻不應該將「好」、「壞」看得過於重要，應該將這些情緒看成外面世界與我們溝通的使者，如此一來，我們便能聽到使者傳遞的資訊，並且進行適當的回應。

換句話說，所有情緒都有自己的位置，它們是我們生為人類最為正常且自然的部分。

沒有這些負面情緒的「規勸」，我們可能會像個瘋子一樣在路上飆車、酒駕。我們用「負面」幫這些「規勸」我們的情緒打上標籤，是因為它們讓我們不舒服。

但是現在我們已經曉得，不舒服並不一定意味著不好，沒有饑餓的不適感我們會餓死，沒有疼痛我們會因為失血或是傷口感染而失去生命。

當我們被負面情緒壓得喘不過氣時，我們需要記住，它們只是一個使者，並且可能是友善的使者。

控制情緒

控制情緒的第一步，便是改變負面情緒在腦海中的印象，將它們看作外面世界的使者或是警示信號，而不是將它們看作無法接納的不速之客。

與此同時，想像一下，大腦中有一個類似音樂軟體中音訊調節器的系統，我們可以透過微調，將自己的情緒狀態調節至最為舒適的狀態。

情緒非常強大，無法真正地被控制。儘管控制情緒的方式有限，我們仍然可以透過回應的方式，來影響它們的外顯表達。情緒不是簡單的開關就能隨時開啟或關閉的，它們更像是色彩一樣，覆蓋整個譜系，範圍巨大，比如紅色意味著熱烈、豪放，也可以意味著警告、危險；黑色意味著沉穩、鎮靜，也可以表達悲傷、哀愁。而同時所有的色彩，也都能被梳洗掉，不留一絲痕跡。

情緒也是如此，如果我們任其發展，那麼其色彩便會

變得越來越豐富和強烈，就如同聽音樂時，音量一直被調高而沒人去控制，最終會達到一個所有聽眾都難以忍受的臨界點，成為噪音與負擔。如果我們能更熟悉自己的情緒，那麼便能更早地注意到它們，及時與情緒進行對話，使其穩定消逝。

只要生命仍在繼續，就會有情緒，其中一些令人愉快，一些很難處理，有的甚至會使我們完全失去平衡。我們顯然會更喜歡前者，但是無論主觀上如何「偏心」，它們都會在某個時間露面。如果我們像大多數人一樣，便可能會在某些情況下壓抑情緒，在另一些情況下發洩情緒。

不管是將情緒拋在一邊而不是與其溝通的壓抑，或是以爆炸性且不受控制去擺脫情緒的發洩，可能都是有用的舒壓策略，但往往會受到其反噬。

第三個選項似乎更為成熟，那便是學習指導自己的情緒。像指揮家或編舞老師一樣，我們可以處理自己所感受到的情緒，這樣當它們產生時，便會以有意識地、富有同理心和尊重的方式關注它們，並且採取對應的行動。

做為自己人生的「導演」，我們會意識到，儘管無法真正控制自己的情緒（當然也無法擺脫情緒），但是可以選擇如何應對情緒，並且可以學習如何以新的方式，來構築情緒有用的方法。

意識到情緒具有自己的生命，停止嘗試抵制或拒絕令自己感到不適的情緒。與直覺相反，認識到自己一定會因某些情緒而感到不適時，也意味著我們更容易接受這些情緒，從而使它們顯得不那麼壓抑。

最後，給自己一些時間去適應與情緒溝通的方式，以便更瞭解自己的情緒。當我們進行的探索越多越深入時，所感受到的情緒也會越來越自在，它們將變得更加有意義，我們也將直觀地覺察到，採取什麼行動能恢復自己身心的平衡與和諧。

「去愛自己，是一生浪漫的開端。」

——奧斯卡‧王爾德（Oscar Wilde）

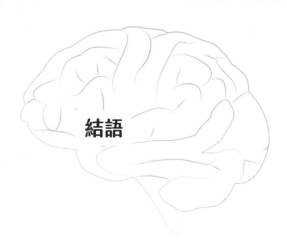

結語

　　關於情緒話題的研究，每一次都會帶給人耳目一新的感受。相關的知識學得越多，對自己負面情緒的掌控以及自我接受的能力，也隨之達到更新的高度。

　　我也曾一度想要摒棄、擺脫所有的負面情緒，認為人類的情緒庫中，不應該存在這些負面因素，因為它們會降低我們的認知能力、工作學習效率，影響人際關係。但到了本書完結之際，我對它們也產生了全新的認識：它們的出現是完全正常的，我們可以透過自己行為上的一些改變，以更多的包容心及好奇心來與其合作，發展出更好的共情以及控制能力。

　　如果只用一段話來闡釋本書的核心，那便是：做為人類，我們有著與生俱來的能力去感受生而為人的情感，負面情緒是我們個體存在的一個重要部分，包容、積極地將它們融入自己的生活，並且學會去回應而不是逃避。如此一來，才會領略到情緒的真正意義以及應對方法。

最後，以當今阿拉伯世界最有名的詩人阿多尼斯（Adunis）《風的君王》做為結尾，願每個人都能成為自己生命中掌控情緒的君王。

　　我的旗幟列成一隊，相互沒有糾纏，
　　我的歌聲列成一隊。

　　我正集合鮮花，動員松柏，
　　把天空鋪展為華蓋。

　　我愛，我生活，
　　我在詞語裡誕生，
　　在早晨的旌旗下召集蝴蝶，
　　培育果實；
　　我和雨滴，
　　在雲朵和它的搖鈴裡、在海洋過夜。
　　我向星辰下令，我停泊矚望，
　　我讓自己登基，
　　做風的君王。

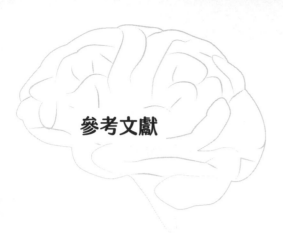

參考文獻

PART 1：人類是各種知覺的結合體

- Sapolsky, R. M. (2001). Depression, antidepressants, and the shrinking hippocampus. Proceedings of the National Academy of Sciences, 98(22), 12320-12322.

- Peters, S. (2013). The Chimp Paradox: The Mind Management Program to Help You Achieve Success, Confidence, and Happiness. TarcherPerigee.

- Hashmi, J. A., Baliki, M. N., Huang, L., Baria, A. T., Torbey, S., Hermann, K. M., ... & Apkarian, A. V. (2013). Shape shifting pain: chronification of back pain shifts brain representation from nociceptive to emotional circuits. Brain, 136(9), 2751-2768.

- Sheng, J., Liu, S., Wang, Y., Cui, R., & Zhang, X. (2017). The link between depression and chronic pain: neural mechanisms in the brain. Neural plasticity, 2017.

- Ulrich, R. (1984). View through a window may influence recovery. Science, 224(4647), 224-225.

- Yue, X., Vessel, E. A., & Biederman, I. (2007). The neural basis of scene preferences. Neuroreport, 18(6), 525-529.

PART 2：瞭解情緒模型：如何停止不開心

- Adam, E. K., Quinn, M. E., Tavernier, R., McQuillan, M. T., Dahlke, K. A., & Gilbert, K. E. (2017). Diurnal cortisol slopes and mental and physical health outcomes: A systematic review and meta- analysis. Psychoneuroendocrinology, 83, 25-41.

- Ong, A. D., Benson, L., Zautra, A. J., & Ram, N. (2018). Emodiversity and biomarkers of inflammation. Emotion, 18(1), 3.

- Gustafsson, P. E., Janlert, U., Theorell, T., & Hammarström,

- A. (2010). Life-course socioeconomic trajectories and diurnal cortisol regulation in adulthood. Psychoneuroendocrinology, 35, 613– 623.

- Panagiotakos, D. B., Pitsavos, C., Chrysohoou, C., Tsetsekou, E., Papa- georgiou, C., Christodoulou, G., . . . the ATTICA study. (2004). Inflam- mation, coagulation, and depressive symptomatology in cardiovascular disease-free people; the ATTICA study. European Heart Journal, 25, 492–499.

- Ekman, P., & Keltner, D. (1997). Universal facial expressions of emotion. Segerstrale U, P. Molnar P, eds. Nonverbal communication: Where nature meets culture, 27-46.

- Park, J., Kitayama, S., Miyamoto, Y., & Coe, C. L. (2019). Feeling bad is not always unhealthy: Culture moderates the link between negative affect and diurnal cortisol profiles. Emotion.

- Rosenkranz, M. A., Jackson, D. C., Dalton, K. M., Dolski, I., Ryff, C. D., Singer, B. H., ... & Davidson, R. J. (2003). Affective style and in vivo immune response: neurobehavioral me cha n i sms. Pro ce e d i n gs o f the Nat i o n a l Aca de my o f Sciences, 100(19), 11148-11152

- Masuda, T., & Kitayama, S. (2004). Perceiver-induced constraint and attitude attribution in Japan and the US: A case for the cultural depen- dence of the correspondence bias. Journal of Experimental Social Psychology, 40, 409–416.

- Masuda, T., & Nisbett, R. E. (2001). Attending holistically versus analytically: comparing the context sensitivity of japanese and americans. Journal of Personality & Social Psychology, 81(5), 922-34.

PART 3：社交動物：孤獨的黑暗森林

- Bowlby, J. (2012). A secure base. Routledge.

- Clance, P. R., & Imes, S. A. (1978). The imposter phenomenon in high achieving women: Dynamics and therapeutic intervention. Psychotherapy: Theory, Research & Practice, 15(3), 241.

- Cooper, E. A., Garlick, J., Featherstone, E., Voon, V., Singer, T., Critchley, H. D., & Harrison, N. A. (2014). You turn me cold: evidence for temperature contagion. PloS one, 9(12), e116126.

- Dimberg, U., Thunberg, M., & Elmehed, K. (2000). Unconscious facial reactions to emotional facial expressions. Psychological science, 11(1), 86-89.

- Prata, J., & Gietzen, J. W. (2007). The imposter phenomenon in physician assistant graduates. The Journal of Physician Assistant Education, 18(4), 33-36.

- The cooperative human. Nat Hum Behav 2, 427–428 (2018) doi:10.1038/s41562-018-0389-1

- Eisenberger, N. I., Lieberman, M. D., & Williams,

- K. D. (2003). Does rejection hurt? An fMRI study of social exclusion. Science, 302(5643), 290-292.

- Li, N. P., & Kanazawa, S. (2016). Country roads, take me home⋯ to my friends: How intelligence, population density, and friendship affect modern happiness. British Journal of Psychology.

- Kross, E., Berman, M. G., Mischel, W., Smith, E. E., & Wager, T. D. (2011). Social rejection shares somatosensory representations with physical pain. Proceedings of the National Academy of Sciences, 108(15), 6270-6275.

- Abbas,Z.-A.,& Bduchaine,B. (2008). The role of holistic processing in judgements of facial attractiveness. Perception, 37, 1187-1196.

- Eagly, A. H., Wood, W., & Diekman, A. B. (2000). Social role theory of sex differences and similarities: A current appraisal. The developmental social psychology of gender, 12, 174.

- David.G.Myers. (2012). Social psychology. McGraw-Hill Education

- Langlois,J. H., & Roggman, L. A. (1190). Attractive faces are only average. Psychological Science, 1, 115-121.

- Little, A. C.,   % Hancock, P. J. B. (2002). The role of masculinity and distinctiveness in judgements of human male facial attractiveness. British Journal of Psychology, 93, 451-464.

- Olson, I. R., & Marshuetz, C. (2005). Facial attracetiveness is appraised in a glance. Emotion, 5, 498-502.

- Thornhill, R., & Gangestad, S. W. (1993). Human facial beauty: Averageness, symmetry, and parasite resistance.

Human Nature, 4, 237- 269.

- Galton, F, (1883). Inquiries into human faculty and its development. London:Macmillan.

- Jones, D. (1995). Sexual selection, physical attractiveness, and facial neoteny. Current Anthropology, 36, 723-748.

- Perret, D. I., Lee, K. J., Penton-Voak, I., Rowland, D., Yoshikawa, S., Burt, D., et al. (1998). Effects of sexual dimorphism on facial attractiveness. Nature, 394, 884-887.

- Shackelford, T. K., Schmitt, D. P., & Buss, D. M. (2005). Universal dimensions of human mate preferences. Personality and individual differences, 39(2), 447-458.

- Vicki Bruce & Andy Young. (2012). Psychology Press: New York.

- Davila, J., Steinberg, S. J., Miller, M. R., Stroud, C. B., Starr, L. R., & Yoneda, A. (2009). Assessing romantic competence in adolescence: The romantic competence interview. Journal of Adolescence, 32(1), 55-75.

PART 4：如何避開情緒的心理陷阱

- Elizabeth T. Gershoff, Andrew Grogan-Kaylor.（2016）Spanking and Child Outcomes: Old Controversies and New Meta- Analyses. Journal of Family Psychology.

- Ferguson, C. J. (2013). Spanking, corporal punishment and negative long-term outcomes: A meta-analytic review of longitudinal studies. Clinical Psychology Review, 33, 196–208.Gershoff, E.

- T. (2002). Corporal punishment by parents and associated child behaviors and experiences: A meta-analytic and theoretical review. Psychological Bulletin, 128, 539–579.

- Larzelere, R. E., & Kuhn, B. R. (2005). Comparing child outcomes of physical punishment and alternative disciplinary tactics: A meta-analysis. Clinical Child and Family Psychology Review, 8, 1–37.Paolucci, E. O., & Violato, C. (2004). A meta-analysis of the published research on the affective, cognitive, and behavioral effects of corporal punishment. The Journal of Psychology, 138, 197–221.

- Ariely, D., & Wertenbroch, K. (2002). Procrastination, deadlines, and performance: Self-control by p

- Hesiod, the Homeric hymns, and Homerica [M]. W. Heinemann, 1920.

- Harlow, H. F., Dodsworth, R. O., & Harlow, M. K. (1965). Total social isolation in monkeys. Proceedings of the National Academy of Sciences of the United States of America, 54(1), 90.

- Lyons, I. M., & Beilock, S. L. (2012). When math hurts: math anxiety predicts pain network activation in anticipation of doing math. PloS one, 7(10), e48076.

- Perry, J. (2012). The art of procrastination: A guide to effective dawdling, lollygagging, and postponing. Workman Publishing.

- Mischel, W., Ebbesen, E. B., & Raskoff Zeiss, A. (1972). Cognitive and attentional mechanisms in delay of gratification. Journal of personality and social psychology, 21(2), 204.

- Read, D., Loewenstein, G., & Kalyanaraman, S. (1999). Mixing virtue and vice: combining the immediacy effect and the diversification heuristic. Journal of Behavioral Decision Making, 12(4), 257-273.

- Rabin, L. A., Fogel, J., & Nutter-Upham, K. E. (2011). Academic procrastination in college students: The role of self- reported executive function. Journal of Clinical and Experimental Neuropsychology, 33, 344–357.

- Erskine, J. A., & Georgiou, G. J. (2010). Effects of thought suppression on eating behaviour in restrained and non-restrained eaters. Appetite, 54(3), 499-503.

- Erskine, J. A., Georgiou, G. J., & Kvavilashvili, L. (2010). I suppress, therefore I smoke: Effects of thought suppression on smoking behavior. Psychological science, 21(9), 1225-1230.

- Logan, G. D., & Barber, C. Y. (1985). On the ability to inhibit complex thoughts: A stop-signal study of arithmetic. Bulletin of the Psychonomic Society, 23(4), 371-373.

- Ophir, E., Nass, C., & Wagner, A. D. (2009). Cognitive control in media multitaskers. Proceedings of the National Academy of Sciences, 106(37), 15583-15587.

- We gne r, D. M. (1994). Iro ni c pro ce s se s of me nta l control. Psychological review, 101(1), 34.

- Wegner, D. M., Schneider, D. J., Carter, S. R., & White,

- T. L. (1987). Paradoxical effects of thought suppression. Journal of personality and social psychology, 53(1), 5.

- Ellis, A., & Tafrate, R. C. (1998). How to control your

anger before it controls you. Citadel Press.

- Epel, E. S., Blackburn, E. H., Lin, J., Dhabhar, F. S., Adler,

- N. E., Morrow, J. D., & Cawthon, R. M. (2004). Accelerated telomere shortening in response to life stress. Proceedings of the National Academy of Sciences, 101(49), 17312-17315.

- Everson, S. A., Goldberg, D. E., Kaplan, G. A., Julkunen, J., & Salonen, J. T. (1998). Anger expression and incident hypertension. Psychosomatic Medicine, 60(6), 730-735.

- Pettingale, K. W., Greer, S., & Tee, D. E. (1977). Serum IgA and emotional expression in breast cancer patients. Journal of Psychosomatic Research, 21(5), 395-399.

- Maultsby, M. C. (1984). Rational behavior therapy. Prentice Hall.

- Thomas, S. P., Groer, M., Davis, M., Droppleman, P., Mozingo, J., & Pierce, M. (2000). Anger and cancer: an analysis of the linkages. Cancer Nursing, 23(5), 344-349.

- Zajenkowski, M., & Gignac, G. E. (2018). Why do angry people overestimate their intelligence? Neuroticism as a suppressor of the association between Trait-Anger and subjectively assessed intelligence. Intelligence, 70, 12-21.

- Deitch, E. A., Barsky, A., Butz, R. M., Chan, S., Brief, A. P., & Bradley, J. C. (2003). Subtle yet significant: The existence and impact of everyday racial discrimination in the workplace. Human Relations, 56(11), 1299-1324.

- Kivimäki, M., Virtanen, M., Vartia, M., Elovainio, M., Vahtera, J., & Keltikangas-Järvinen, L. (2003). Workplace bullying and the risk of cardiovascular disease and depression. Occupational and environmental medicine, 60(10), 779-783.

- Krueger, R. F., Chentsova-Dutton, Y. E., Markon, K. E., Goldberg, D., & Ormel, J. (2003). A cross-cultural study of the structure of comorbidity among common psychopathological syndromes in the general health care setting. Journal of abnormal psychology, 112(3), 437.

- Stuart, H. (2006). Mental i llness and employment discrimination. Current Opinion in Psychiatry, 19(5), 522-526.

PART 5：如何增強對負面情緒的免疫力

- Chekroud, S. R., Gueorguieva, R., Zheutlin, A. B., Paulus, M., Krumholz, H. M., Krystal, J. H., & Chekroud, A. M. (2018). Association between physical exercise and mental health in 1.2 million individuals in the USA between 2011 and 2015: a cross- sectional study. The lancet psychiatry, 5(9), 739-746.

- Erickson, K. I., Voss, M. W., Prakash, R. S., Basak, C., Szabo, A., Chaddock, L., ... & Wojcicki, T. R. (2011). Exercise training increases size of hippocampus and improves memory. Proceedings of the National Academy of Sciences, 108(7), 3017-3022.

- Kanning, M., & Schlicht, W. (2010). Be active and become happy: an ecological momentary assessment of physical activity and mood. Journal of sport and exercise psychology, 32(2), 253-261.

- Penedo, F. J., & Dahn, J. R. (2005). Exercise and well-being: a review of mental and physical health benefits associated with physical activity. Current opinion in psychiatry, 18(2), 189-193.

- Salmon, P. (2001). Effects of physical exercise on anxiety, depression, and sensitivity to stress: a unifying theory. Clinical psychology review, 21(1), 33-61.

- Schoenfeld, T. J., Rada, P., Pieruzzini, P. R., Hsueh, B., & Gould, E. (2013). Physical exercise prevents stress-induced activation of granule neurons and enhances local inhibitory mechanisms in the dentate gyrus. Journal of Neuroscience, 33(18), 7770-7777

- Sofi, F., Valecchi, D., Bacci, D., Abbate, R., Gensini, G. F., Casini, A., & Macchi, C. (2011). Physical activity and risk of cognitive decline: a meta analysis of prospective studies. Journal of internal medicine, 269(1), 107-117.

- de Cabo, R., & Mattson, M. P. (2019). Effects of Intermittent Fasting on Health, Aging, and Disease. New England Journal of Medicine, 381(26), 2541-2551.

- Jacka, F. N., Cherbuin, N., Anstey, K. J., Sachdev, P., & Butterworth, P. (2015). Western diet is associated with a smaller hippocampus: a longitudinal investigation. BMC medicine, 13(1), 215.

- Lai, J. S., Hiles, S., Bisquera, A., Hure, A. J., McEvoy, M., & Attia, J. (2013). A systematic review and meta-analysis of dietary patterns and depression in community-dwelling adults. The American journal of clinical nutrition, 99(1), 181-197.

- O'neil, A., Quirk, S. E., Housden, S., Brennan, S. L., Williams, L. J., Pasco, J. A., ... & Jacka, F. N. (2014). Relationship between diet and mental health in children and adolescents: a systematic review. American journal of public health, 104(10), e31-e42.

- Psaltopoulou, T., Sergentanis, T. N., Panagiotakos, D. B., Sergentanis, I. N., Kosti, R., & Scarmeas, N. (2013). Mediterranean diet, stroke, cognitive impairment, and depression: a meta analysis. Annals of neurology, 74(4), 580-591.

- Sánchez-Villegas, A., Martínez-González, M. A., Estruch, R., Salas-Salvadó, J., Corella, D., Covas, M. I., ... & Pintó, X. (2013). Mediterranean dietary pattern and depression: the PREDIMED randomized trial. BMC medicine, 11(1), 208.

- Sarris, J., Logan, A. C., Akbaraly, T. N., Amminger, G. P., Balanzá-Martínez, V., Freeman, M. P., ... & Nanri, A. (2015). Nutritional medicine as mainstream in psychiatry. The Lancet Psychiatry, 2(3), 271-274.

- Dawson, D., & Reid, K. (1997). Fatigue, alcohol and performance impairment. Nature, 388(6639), 235.

- Goldstein-Piekarski, A. N., Greer, S. M., Saletin, J. M., & Walker, M. P. (2015). Sleep deprivation impairs the human central and peripheral nervous system discrimination of social threat. Journal of Neuroscience, 35(28), 10135-10145.

- Tamm S., Nilsonne G., Schwarz J., Lamm C., Kecklund G., Petrovic P., Fischer H., Åkerstedt T., Lekander M. The effect of sleep restriction on empathy for pain : An fMRI study in younger and older adults. Sci Rep. 2017 Sep 25;7(1):12236

- Xie, L., Kang, H., Xu, Q., Chen, M. J., Liao, Y., Thiyagarajan, M., ... & Takano, T. (2013). Sleep drives metabolite clearance from the adult brain. science, 342(6156), 373-377.

- Yang, G., Lai, C. S. W., Cichon, J., Ma, L., Li, W., & Gan,

- W. B. (2014). Sleep promotes branch-specific formation of dendritic spines after learning. Science, 344(6188), 1173-1178.

PART 6：重塑思維方式，實現情緒自由

- Kahneman, D. (2011). Thinking, fast and slow. Macmillan.

- Karlsson, N., Loewenstein, G., & Seppi, D. (2009). The ostrich effect: Selective attention to information. Journal of Risk and uncertainty, 38(2), 95-115.

- Knobloch-Westerwick, S., & Meng, J. (2009). Looking the other way selective exposure to attitude-consistent and counterattitudinal political information. Communication Research, 36(3), 426-448.

- Lord, C. G., Ross, L., & Lepper, M. R. (1979). Biased assimilation and attitude polarization: The effects of prior theories on subsequently considered evidence. Journal of personality and social psychology, 37(11), 2098.

腦內的猩猩

一本正經的情緒進化論，幫你重塑思維方式，實現情緒自由！
曼徹斯特大學實驗心理學博士，帶你一窺大腦總部控制臺，奪回情緒主控權！

作　　　　者／葉庭均
美 術 編 輯／孤獨船長工作室
執 行 編 輯／許典春
企劃選書人／賈俊國

總　編　輯／賈俊國
副 總 編 輯／蘇士尹
編　　　輯／黃欣
行 銷 企 畫／張莉滎・蕭羽猜・温于閎

發　行　人／何飛鵬
法 律 顧 問／元禾法律事務所王子文律師
出　　　版／布克文化出版事業部
　　　　　　115 臺北市南港區昆陽街 16 號 4 樓
　　　　　　電話：(02)2500-7008　傳真：(02)2500-7579
　　　　　　Email：sbooker.service@cite.com.tw
發　　　行／英屬蓋曼群島商家庭傳媒股份有限公司城邦分公司
　　　　　　115 臺北市南港區昆陽街 16 號 8 樓
　　　　　　書虫客服服務專線：(02)2500-7718；2500-7719
　　　　　　24 小時傳真專線：(02)2500-1990；2500-1991
　　　　　　劃撥帳號：19863813；戶名：書虫股份有限公司
　　　　　　讀者服務信箱：service@readingclub.com.tw
香港發行所／城邦（香港）出版集團有限公司
　　　　　　香港九龍土瓜灣土瓜灣道 86 號順聯工業大廈 6 樓 A 室
　　　　　　電話：+852-2508-6231　　傳真：+852-2578-9337
　　　　　　Email：hkcite@biznetvigator.com
馬新發行所／城邦（馬新）出版集團 Cité(M)Sdn.Bhd.
　　　　　　41, Jalan Radin Anum, Bandar Baru Sri Petaling,
　　　　　　57000 Kuala Lumpur, Malaysia
　　　　　　電話：+603- 9056-3833　　傳真：+603- 9057-6622
　　　　　　Email：services@cite.my
印　　　刷／韋懋實業有限公司
初　　　版／2024 年 7 月
定　　　價／380 元
I S B N／978-626-7431-88-7
E I S B N／9786267431870(EPUB)

城邦讀書花園　布克文化
www.cite.com.tw　WWW.SBOOKER.COM.TW